DESCRIPTIONS

DES ARTS

ET MÉTIERS.

DESCRIPTIONS
DES ARTS
ET MÉTIERS,

FAITES OU APPROUVÉES

PAR MESSIEURS

DE L'ACADÉMIE ROYALE
DES SCIENCES.

AVEC FIGURES EN TAILLE-DOUCE.

A PARIS,

Chez { **SAILLANT & NYON**, rue S. Jean de Beauvais;
{ **DESAINT**, rue du Foin Saint Jacques.

M. DCC. LXI.
Avec Approbation & Privilége du Roi.

ART

DU

TANNEUR.

Par M. DE LA LANDE.

M. DCC. LXIV.

PRÉFACE.

L'Art du Tanneur eſt un de ceux qu'il étoit le plus néceſſaire de décrire, pour le bien public & pour l'avantage du
Commerce. Ce n'eſt point un de ces Arts de curioſité ou d'agrément,
qui flattent l'eſprit, & ornent la mémoire : c'eſt un Art de premiere
néceſſité ; c'eſt l'objet d'un commerce prodigieux & d'un revenu
conſidérable pour l'Etat ; c'eſt un Art livré, dans la plus grande partie
du Royaume, à des Ouvriers peu inſtruits, dans lequel on peut faire
des progrès très-utiles, en y portant le flambeau de la Phyſique.
L'intérêt public exigeoit donc de nous cette deſcription ; l'intérêt
même des gens de l'Art s'y trouvera ; les Tanneurs, par exemple,
qui ne connoiſſent que le Cuir à la chaux, y trouveront une maniere
de faire rentrer leurs fonds dans une année, au lieu de les attendre
pendant deux ans ; pluſieurs y verront ce que penſent des gens inſtruits
ſur des choſes qu'ils ont faites ſans réflexion ; on y verra les pratiques
des Etrangers comparées avec les nôtres, des expériences curieuſes
qui n'étoient point connues, & des vues ſur les expériences qu'on
pourroit faire.

Je prévois le dégoût que beaucoup de perſonnes auront pour la
deſcription d'un Art qui paroît vil & abject ; cependant l'Art du
Tanneur raſſemble tous les genres d'utilité que peuvent avoir les
différentes deſcriptions que l'Académie s'eſt propoſé de publier.
Pour le faire ſentir, qu'il me ſoit permis de rappeller ces avantages
en peu de mots : il m'importe de faire connoître les avantages d'un
travail auquel je me ſuis livré, non par goût, mais par raiſon, &
pour le ſeul plaiſir d'être utile. Il ne ſera peut-être pas indifférent
pour le progrès de notre entrepriſe de faire voir auſſi combien l'A-
cadémie s'eſt occupée du travail des Arts depuis ſa premiere inſtitu-
tion, & combien elle a jugé ce travail utile & précieux.

L'Académie des Sciences raſſemblée par ordre du Roi & par
les ſoins du grand Colbert au mois de Décembre 1666, joignit dès-
lors l'étude des Arts à celle de la Phyſique ; & nous avons dans nos
manuſcrits pluſieurs recherches faites à ce ſujet avant le renouvellement de l'Académie, c'eſt-à-dire, dans le dernier ſiecle : mais lorſque l'Académie, en 1699, par un renouvellement ſolemnel & par

de nouveaux foins de la part du Miniftere, eut repris une nouvelle forme & une nouvelle activité pour tout ce qui pouvoit être utile au Public, elle embraffa d'une maniere plus fpéciale ce travail des Arts, qui confiftoit à les décrire tous dans l'état où ils étoient en France; l'Hiftoire de l'Académie annonça dès-lors cette entreprife (ᵃ), & en publia les motifs. « Par-là, dit l'Hiftorien de l'Académie, une » infinité de pratiques pleines d'efprit & d'invention, mais générale- » ment inconnues feront tirées des ténebres; on affure à la poftérité » les Arts tels qu'ils font préfentement parmi nous; elle les retrou- » vera toujours dans ce Recueil malgré les révolutions; & fi nous en » avons perdu quelques-uns d'importants qui fuffent chez les anciens, » c'eft que l'on ne s'eft pas fervi d'un femblable moyen pour nous les » tranfmettre. D'habiles gens qui ne peuvent fe donner la peine ou » qui n'ont pas le loifir d'aller étudier les Arts chez les Artifans, les » verront ici prefque d'un coup d'œil, & feront invités par cette » facilité à travailler à leur perfection ».

La principale caufe de la lenteur qu'on obferve dans le progrès des Arts, eft une crainte jaloufe, une défiance intéreffée de la part des Ouvriers, qui cachent de leur mieux les pratiques & les reffources de leurs Arts, de crainte de les partager; il importe au Public de pénétrer cette obfcurité myftérieufe, pour y porter le flambeau de la Phyfique & l'efprit d'obfervation; il importe de connoître les Arts pour les perfectionner.

Tout ce qui fe découvre dans les Arts comme dans les Sciences doit être un tréfor commun à tous les peuples du monde, & le Miniftere François toujours porté au bien général de la Société fe prêta dès-lors, comme il fe prête encore au zele de l'Académie, pour publier les Arts fans diffimulation, fans reftriction, fans jaloufie. Il eft plus utile pour un Etat de partager avec tous les Peuples les foibles lumieres que l'habitude de nos Ouvriers peut nous donner, pour les perfectionner en commun, que de refter éternellement dans l'état de médiocrité & de routine dont ils ne fe tireront jamais feuls. « Les » Arts tiennent tous aux Sciences (ᵇ), attendent tout de celles-ci, & » ne peuvent faire fans elles que des pas lents & chancelants; il eft » donc néceffaire de mettre les Arts fous les yeux des Savants, pour » être perfectionnés par des travaux qui exigent la publicité, la con- » fiance, l'ouverture avec laquelle on travaille dans les Académies ».

(ᵃ) Hift. de l'Acad. 1699, p. 117. | (ᵇ) Art de faire le Papier.

Un

UN SECRET dans les Arts eft une efpece de monopole exercé par un particulier fur le reftc des hommes ; c'eft fouvent une furprife faite à leur vigilance : chacun travaillant pour aider la Société, devroit profiter de fon travail effectif, & non des furprifes, des détours, des artifices, des petiteffes qu'il y aura fubftituées. Il feroit donc à fouhaiter que chacun fe diftinguât par fon intelligence, fes foins, fes réflexions, fon expérience ; mais qu'il évitât de nous dire fans ceffe : C'eft un fecret ; car plus on cache les moyens, plus on donne droit d'en foupçonner le mérite ; & l'expérience a mille fois prouvé que le foupçon étoit fondé. La plupart des fecrets que l'Académie a vu annoncés myftérieufement, & achetés à grand prix, fe font trouvés des chofes très-médiocres.

L'ACADÉMIE commença la defcription des Arts par celui qui devoit conferver tous les autres, l'Art de l'Ecriture & de l'Imprimerie : M. Jaugeon en prit d'abord une partie, & compofa enfuite le refte conjointement avec M. des Billettes & le P. Sébaftien Truchet ; il en eft parlé dans l'Hiftoire de l'Académie de 1699, & dans celles des années fuivantes. On lut enfuite fucceffivement dans les affemblées de l'Académie les Arts fuivants :

L'Art de faire des Épingles, décrit par M. des Billettes, *Hift. de l'Acad. année* 1700. Cet Art a été donné depuis par M. Duhamel, avec beaucoup plus d'étendue & de foin.

Le Clavecin, décrit par M. Carré, *Hift.* 1702.

L'Art du Graveur en Taille-douce, par M. des Billettes, *Hift.* 1703 & 1704.

L'Art de frapper des Poinçons, décrit par M. Jaugeon, *Hift.* 1703.

La defcription de la Preffe, par M. des Billettes, *Hift.* 1704.

Les Métiers qui concernent la Soie, par M. Jaugeon, *Hift.* 1704, 1705, 1706 & 1707.

L'Art de faire la Poudre à canon, par M. des Billettes, *Hift.* 1705.

L'Art de la Papeterie, par M. des Billettes, *Hift.* 1706. J'ai donné cette defcription, il y a quelques années, fur un plan tout nouveau.

L'Art du Doreur de Livres, par M. des Billettes, *Hift.* 1706 & 1707.

L'Art du Batteur d'or, par M. des Billettes, *Hift.* 1707.

L'Art de faire le Sucre, par M. des Billettes, *Hift.* 1707 & 1708. M. Duhamel vient de le publier d'une maniere toute nouvelle.

La Tannerie & la préparation des autres Cuirs, par M. des Billettes, *Hift.* 1708 & 1709.   *b*

La Reliure des Livres, par M. Jaugeon, *Hift.* 1708, 1718 & 1719.

L'Art de faire les Bas au Métier & à l'Eguille, par M. Jaugeon, *Hift.* 1709.

La Peinture, par M. de la Hire, *Hift.* 1709.

L'Art de faire les Perles fauffes, par M. de Réaumur, *Hift.* 1711.

L'Art de faire l'Ardoife, par M. de Réaumur, *Hift.* 1711. M. de Fougeroux a décrit cet Art.

L'Art du Miroitier, par M. de Réaumur, *Hift.* 1712.

L'Art du Savonnage & des Leffives, par M. Lémery, *Hift.* 1712.

L'Art du Tireur d'or, par M. de Réaumur, *Hift.* 1713.

Les Cuirs dorés, par M. de Réaumur, *Hift.* 1714. M. Fougeroux a publié le même Art, mais d'une maniere nouvelle.

La façon d'effayer les Métaux, par M. Saulmon, *Hift.* 1715.

La maniere dont on travaille aux Mines de Fer, par M. de Réaumur, *Hift.* 1716.

L'Art de faire le Fer-blanc, par M. de Réaumur, *Hift.* 1725.

CES différentes defcriptions ne furent point imprimées, parce qu'on les réfervoit pour former enfuite une collection qui devoit être rangée dans un ordre méthodique; elles refterent manufcrites dans le dépôt de l'Académie jufqu'au temps où M. de Réaumur fe chargea feul de continuer ce travail, auquel il a véritablement donné des foins pendant toute fa vie; les figures qui repréfentent le travail, les opérations, les attitudes de chaque Ouvrier, avec les inftruments des Arts, furent gravées fucceffivement depuis 1700 jufqu'à 1720; & quoiqu'il y en ait eu beaucoup de perdues, on a retrouvé 260 cuivres fur les Arts, fans compter 70 qui n'ont pour objet que les caracteres & les alphabets de différentes Langues.

M. LE DUC D'ORLEANS, Régent, qui protégeoit fpécialement ce travail de l'Académie, fit faire dans différentes Généralités par les foins de MM. les Intendants un nombre confidérable de Plans & de Deffeins relatifs à différents Arts : il s'en eft retrouvé une partie en 1761, dans la fucceffion de M. de Creil; mais la plupart ont été perdus pour l'Académie.

LE 15 Juillet 1758, les Papiers trouvés chez M. de Réaumur, & qui venoient d'être remis en ordre, furent diftribués à vingt Académiciens qui fe chargerent de revoir & de publier ce qui feroit en état de paroître, de faire des additions aux Arts qui auroient été perfectionnés, d'employer les matériaux qui n'auroient pas une forme convenable , de faire enfin des recherches nouvelles pour les Arts qui ne se trouveroient pas traités dans les Papiers que possédoit l'Académie. On a déja commencé à voir le succès de ces nouveaux arrangements ; & l'on continuera de jouir successivement des productions nombreuses qu'ils ont fait éclore pour l'utilité des Arts & l'agrément du Public. La premiere description parut en 1761, & contenoit l'Art de faire le Charbon, par M. Duhamel ; elle étoit précédée par un Avertissement qui exposoit le plan du travail général des Arts, & les avantages que l'Académie en espéroit. On a vu paroître successivement la fabrique des Ancres, lue à l'Académie en 1723, & augmentée considérablement par M. Duhamel : l'Art de tirer des Carrieres la Pierre d'Ardoise, de la fendre & de la tailler, par M. Fougeroux de Bondaroy : l'Art des Forges & Fourneaux à Fer , par M. le Marquis de Courtivron, & par M. Bouchu, Correspondant de l'Académie ; la premiere Section traite des Mines de Fer & de leurs préparations ; la seconde contient l'usage du Feu dans le travail du Fer ; la troisieme renferme la description des Fourneaux, & l'art d'adoucir le Fer fondu, composé par M. de Réaumur , & publié par M. Duhamel. M. Duhamel a aussi donné l'Art du Chandelier ; celui du Cirier, ou la maniere de travailler la Cire ; l'Art du Cartier ; l'Art de rafiner le Sucre ; l'Art de l'Epinglier, composé d'abord par M. de Réaumur , & enrichi des additions de M. Perronet & de M. Duhamel : il a donné l'Art du Tuilier & du Briquetier, conjointement avec MM. Fourcroy & Gallon. M. Fougeroux a donné l'Art de travailler les Cuirs dorés ou argentés , & l'Art du Tonnelier ; M. Macquer a donné l'Art de la Teinture en Soie ; enfin j'ai publié aussi dans ces dernieres années l'Art de faire le Papier, celui du Cartonnier, celui du Parcheminier, celui du Chamoiseur.

INDÉPENDAMMENT de tous ces Arts qui ont été publiés depuis cinq ans, l'on aura incessamment celui de la Calamine, ceux du Facteur d'Orgue, du Menuisier, du Mégissier, de l'Hongroyeur, du Corroyeur, du Criblier, du Vernisseur, du Tourneur, &c. que différentes personnes ont décrits , & qui sont déja presque en état de paroître ; & ils seront suivis de beaucoup d'autres.

CETTE digression, trop longue peut-être, sur l'histoire & l'utilité de nos travaux, me ramene à l'Art du Tanneur, dont il s'agit ici. M. des Billettes y avoit travaillé en 1708, & l'on trouvera ci-après deux planches qui furent gravées vers ce temps-là ; mais il ne s'eſt trouvé dans nos papiers que les premieres pages du travail de M. des Billettes qu'on avoit commencé de mettre au net ; je l'ai cité art. 29, 41, 43, &c. l'original eſt perdu. Au reſte, j'ai reconnu par d'autres Arts faits de la même main, que M. des Billettes ne mettoit pas dans ſes deſcriptions autant de détails qu'il me paroît utile d'y en mettre ; d'ailleurs l'Art du Tanneur a éprouvé des changements depuis le commencement du ſiecle ; le Cuir à l'orge, le Cuir à la juſée n'étoient point connus alors, du moins je n'en ai trouvé aucun indice dans les papiers de l'Académie.

J'ai donc été obligé de reprendre ce travail juſques dans ſes premiers principes ; j'ai détaillé les moindres procédés, & j'ai inſiſté beaucoup & longuement ſur ceux que j'ai cru les meilleurs.

M. Trudaine, Conſeiller d'Etat & Intendant des Finances, l'un des Honoraires de l'Académie, qui depuis tant d'années eſt le dépoſitaire de toute la confiance de la Cour pour le progrès des Arts, & qui s'en eſt occupé avec le plus grand ſuccès, a bien voulu s'intéreſſer à ma deſcription, & me faire communiquer ce qui s'eſt trouvé là-deſſus au Conſeil de Commerce. M. de Montaran, Intendant du Commerce, m'a fait l'honneur de me communiquer des manuſcrits qui lui appartenoient en propre. M. Coton, l'un des Propriétaires de la Manufacture de Saint Germain-en-Laye ; M. Barrois, Directeur & Intéreſſé de celle de Saint Hippolyte à Paris, m'ont donné tous les éclairciſſements qu'on pouvoit attendre de perſonnes pleines de candeur & de ſavoir : M. Potier, Intendant du Commerce ; M. Leſchaſſier, Conſeiller à la Cour des Aydes ; M. de Sauvages, Profeſſeur de Botanique à Montpellier, m'ont auſſi procuré des éclairciſſements ſur pluſieurs articles de cette deſcription. Si, malgré tous ces ſecours, il ſe trouve des fautes dans mon ouvrage, c'eſt à moi qu'on doit les imputer, parce qu'il eſt infiniment difficile de s'arracher à l'étude des Sciences Mathématiques & de faire dans les Arts un apprentiſſage aſſez long pour ne rien ignorer, ne rien omettre. Je voudrois que des gens inſtruits priſſent la peine de lire cet Ouvrage, & de m'en faire connoître les fautes. Je n'ai rien plus à cœur que d'en voir une bonne critique : *Docete me, & ego tacebo ; & ſi quid fortè ignoravi, inſtruite me.* Job, 6. 24.

L'ART

ART DU TANNEUR.

Par M. DE LA LANDE.

TANNER un Cuir, c'eſt lui ôter ſon humidité & ſa graiſſe naturelle, augmenter la force de ſes fibres, & en rendre le tiſſu plus compact.
C'eſt aſſez généralement avec l'écorce des jeunes Chênes qu'on produit
cet effet ſur les Cuirs ; mais on y peut employer diverſes plantes, &
même d'autres matiéres, comme nous le dirons dans les art. 61 & ſuiv.

On ignore abſolument dans quel temps a commencé l'uſage de préparer ainſi les Cuirs ; mais on a lieu de croire que cet uſage eſt fort ancien.
Les termes de *Tannum, Tannare, Tanneria* ſe trouvent dans les Livres de
la baſſe Latinité ; mais on ne ſait pas de quelle langue la baſſe Latinité a
emprunté ce mot.

1. Les grands Cuirs de Bœufs, ou Cuirs forts dont on fait des ſouliers,
font le principal objet des Tanneurs ; on tanne cependant auſſi de moindres peaux pour d'autres uſages, & nous en parlerons à leur place, art.
260 & ſuivants ; mais les Cuirs forts feront la partie la plus conſidérable
de notre deſcription, parce que l'uſage en eſt plus eſſentiel, le commerce
plus conſidérable, la fabrication plus délicate, les défauts plus ordinaires, les méthodes plus variées, & le travail beaucoup plus long.

2. Les Cuirs qu'on veut habiller en fort, paſſent par deux opérations
principales ; on commence par les faire enfler, après quoi on les fait
tanner.

Le gonflement dilate les parties, écarte les fibres, ouvre la ſubſtance
du Cuir ; le tan pénetre la ſubſtance ainſi ouverte, s'y inſinue, ab-
ſorbe l'humidité qu'elle contenoit, & par ſa ſtypticité raffermit, conſolide,
& lie les fibres du Cuir à meſure qu'elles ſe deſſechent.

Le tannage ne ſauroit être bon, ſans le gonflement qui précede, parce
que l'action du tan ne pourroit pénétrer l'intérieur du Cuir, ſi une ſurface
compacte & ſerrée s'oppoſoit à ſon paſſage.

TANNEUR.   A

L'ufage applique indiftinctement le nom de *Cuir* à la peau fraîche &
non apprêtée, comme à celle qui eft travaillée & prête à employer ;
cependant, pour plus de clarté, nous donnerons quelquefois le nom de
Peau à la dépouille de l'animal, pendant qu'elle eft dans fon premier état
de molleffe & de fraîcheur, c'eft-à-dire, avant que d'avoir été plamée ou
tannée.

De la qualité des différentes Peaux.

3. Les meilleures peaux du Royaume font celles des Bœufs d'Auvergne,
du Limoufin & du Poitou ; elles font grandes, fortes & de bon apprêt.
Celles de Normandie, quoique grandes, font les moins recherchées, parce
qu'elles font minces, & par-là fi difficiles à préparer, qu'elles ne produifent ordinairement que du Cuir médiocre, & exigent des attentions
particulieres ; mais un jeune Bœuf du Limoufin, lorfqu'il a été élevé en
Normandie, paffe pour être le meilleur Cuir de la France.

A Namur, on apprête des Cuirs d'Irlande, qui naturellement font plus
épais, & fe gonflent plus facilement que ceux de France ; les pâturages
d'Irlande qui font fi eftimés & en fi grande abondance, produifent une
excellente forte de Bœufs, & par conféquent de très-bons Cuirs.

4. Les peaux dont le poil eft noir, ne font pas eftimées ; peut-être n'eft-
ce qu'un préjugé ; il y en a cent autres parmi les Artiftes, & les lumieres
de la Phyfique ne font pas encore affez répandues dans les Arts, pour
qu'on puiffe les diftinguer.

Celles des Taureaux font plus creufées, font un Cuir moins épais que
les autres, mais pour le moins auffi fort ; la même raifon qui rend fi faciles
à engraiffer les animaux privés de l'ufage des parties génitales, doit rendre leur peau plus nourrie, plus épaiffe, d'un tiffu plus flexible & moins
fort; auffi les Cuirs de Taureaux ne doivent être employés par les Cordonniers, qu'à faire les fecondes femelles ou les fouliers de femme.

5. En Angleterre comme en France, j'ai vu que les Cuirs de Vaches
font eftimés plus forts & meilleurs que ceux des Bœufs ; mais les Cuirs
de Taureaux font encore plus eftimés.

La réputation de force & de bonté que les Cuirs de Vaches ont fur
les Cuirs de Bœufs, fait que bien des Tanneurs prétendent n'avoir que
des Cuirs de Vaches, comme la plûpart des Bouchers prétendent n'avoir
que du Bœuf, parce qu'il eft meilleur pour la table : de-là eft venu une
efpece de proverbe, *qu'à la Tannerie tous Bœufs font Vaches, comme à la
Boucherie toutes Vaches font Bœufs.*

6. On est dans l'usage de peser les peaux fraîches, & d'en marquer le poids à la queue, avec des coups de couteau qui forment des lignes dont la valeur est connue dans le Commerce. Une seule ligne perpendiculaire, c'est-à-dire, verticale dans la longueur de la queue, signifie vingt livres; deux lignes verticales signifient quarante, & ainsi de suite. Pour marquer la dixaine, on tire au-dessus des lignes précédentes, une ligne horizontale qui vaut dix, une autre ligne horizontale tirée par dessous les lignes perpendiculaires, vaut cinq.

Si l'on a encore une, deux, trois ou quatre unités, on tire d'autres perpendiculaires plus petites au-dessous de la ligne qui marque cinq. La planche seconde représente cette maniere de compter qui est fort commode; j'ai marqué sept caracteres différents, & au-dessous de chacun j'ai mis le nombre qu'il exprime. On n'a pas coutume de marquer dans les peaux fraîches un poids moindre que la livre, ni plus grand que cent, car il n'y a presque jamais de peaux qui aillent là; en tout cas le cent se marqueroit par une simple croix : ces marques qui ne s'effacent point, servent à faire reconnoître les Cuirs de toute sorte de poids, soit pendant le travail, soit après que le Cuir est tanné.

7. Les peaux sont considérées comme petites & d'un prix bien moindre à proportion que les grandes, quand elles ne pesent que soixante livres ou au-dessous; dès qu'elles passent soixante livres, elles sont payées comme grandes peaux *à la raie*; la plus haute raie est de quatre-vingt quinze ou quatre-vingt-dix-huit livres; on en voit même de cent.

Le prix commun de la plus haute raie, est à raison de trente-cinq livres le cent pesant, ce qui fait sept sols la livre ; mais on y comprend les cornes, les oreilles, les os de la tête, la crotte, l'eau & le sang qu'elles ramassent dans la tuerie.

Pour indemniser le Marchand de toutes ces matieres étrangeres, on rabat deux livres dix sols ou davantage, & même jusqu'à cinq livres par dixain; ainsi la livre des peaux ou cuirs en poil, sortant de dessus l'animal, revient à cinq, six ou sept sous. Le prix augmente souvent : en 1745, la mortalité des bêtes à corne jointe à la guerre, fit enchérir les peaux de moitié.

8. Le Commerce des peaux est monté sur l'usage immémorial de peser & de vendre le Cuir en poil avec les cornes, les oreilles & les émouchets, comme nous l'avons observé (7); il s'en trouve qui dans cet état pesent près de cent livres, mais aussi le déchet en sera plus considérable après que le Cuir aura été tanné & séché, & il ira à beaucoup plus de moitié.

Quand le Boucher se trouve disposé à augmenter encore le profit, il le peut par différentes manœuvres : 1°, En tenant fes Bœufs dans l'Etable avec peu ou point de litiere, afin d'augmenter la crotte qui s'attache au ventre & à la queue : 2°, En laiffant pendre à la peau une partie des os de la tête : 3°, En laiffant traîner les peaux dans l'eau, le fang & la boue qui fe trouvent dans la tuerie ; mais fur tout cela c'eft à l'acheteur à faire fes conditions, & à fe garantir des pieges du vendeur.

Des Peaux falées.

9. Les peaux que le Boucher ne fe propofe pas de livrer tout de fuite au Tanneur, doivent être falées, de crainte de corruption : on emploie pour cela trois livres & demie ou quatre livres de fel de morue, ou de fel mêlé d'alun qu'on diftribue légérement fur la chair, en obfervant d'en mettre un peu plus à la tête, le long du dos & aux bordages, comme plus difficiles à tanner que les autres parties de la peau.

En hyver, on eft obligé d'employer quelquefois jufqu'à huit ou dix livres de fel par Cuir, parce que les peaux ne fechent que difficilement, & que le danger de la putréfaction dure alors plus long-temps.

Les Bouchers de Paris qui font dans l'ufage de ne faire leurs livraifons qu'au bout de quinze jours ou trois femaines, quelquefois plus tard, ont fur-tout befoin de faler leurs peaux : & pour s'indemnifer, ils précomptent au Tanneur cinq livres, en fus du poids de chaque peau.

10. Il y eut en 1673, une convention entre les Marchands Bouchers de Paris & les Fermiers-Généraux, intéreffés au Bail des Gabelles, autorifée par Lettres-Patentes données à Nancy le 14. Août 1673, regiftrée en la Cour des Aides le 16 Octobre, par laquelle il fut ftipulé qu'on délivreroit, pendant le cours du Bail de François le Gendre, du fel qui avoit fervi à la pêche des Morues de Terre-Neuve, qui fe ramaffe au fond des Navires après que le Poiffon en eft ôté ; & cela pour fervir feulement à faler les Cuirs de leurs abattis, au lieu de natron dont ils fe fervoient auparavant.

Cette convention a été renouvellée de temps à autres, en particulier le 22 Novembre 1726 ; il fut ftipulé pour lors que les Bouchers le paieroient à raifon de feize livres dix-neuf fols par minot. Les Bouchers s'engagerent à payer encore les droits de préfence & affiftance des Officiers, Mefureurs & Porteurs, de même que la moitié du loyer des caves où le fel feroit dépofé à Paris.

Il fut ftipulé qu'on feroit un état à la fin de chaque mois, contenant les noms des Bouchers qui auroient befoin de fel, le nombre des Cuirs des abbatis que chacun devroit faire pendant le mois fuivant, & la quantité de fel dont il auroit befoin pour faler ces Cuirs, fur le pied de quatre livres de

fel

fel ou environ pour chaque Cuir ; cet état doit être certifié des Jurés de la Communauté , & remis aux Commis des Fermes ; & fur l'ordre que les Fermiers mettent au pied de cet état , la délivrance du fel leur eft faite le premier mardi de chaque mois , en payant comptant le prix convenu. Pour éviter les contraventions , il eft permis aux Fermiers-Généraux de faire mêler , à leurs frais dans ledit fel , autant de cendres qu'ils jugent à propos , & de faire des vifites pour reconnoître l'emploi que font les Bouchers de ce fel de morue pour la falaifon des Cuirs. Les Bouchers font auffi refponfables des abus & des contraventions qui peuvent être faites avec ce fel par leurs Eta-liers & Domeftiques ; & en cas qu'un Boucher ou fes Domeftiques contre-vienne aux Ordonnances des Gabelles , le Procès fe fait par les Officiers du Grenier à fel , aux frais de la Communauté des Bouchers ; & la Communauté eft obligée de payer non-feulement les dépens , mais encore les amendes qui pourroient être prononcées contre les délinquants , fauf à en former la répé-tition contre le condamné. Les Jurés de la Communauté des Bouchers font obligés de délivrer à la fin de chaque année , un état des noms & demeures de tous les Maîtres , avec le nombre de leurs enfants & Domeftiques , & d'y joindre les billets qui auront été délivrés à chacun d'eux en levant leur pro-vifion de fel comeftible au Grenier de Paris , pour que le Fermier puiffe re-connoître fi tous les Bouchers font une jufte confommation de fel ordinaire , fuivant le nombre des perfonnes dont chaque famille eft compofée , confor-mément à l'Ordonnance de 1680 , & s'ils ne convertiffent point à l'ufage de leurs aliments , le fel qui ne leur eft accordé que fous la condition expreffe de l'employer à la falaifon des Cuirs de leurs abbatis.

Les Fermiers délivrent auffi aux Tanneurs-Hongroyeurs de Paris , le fel de morue qui leur eft néceffaire pour le Cuir de Hongrie , à condition qu'il foit mêlé dans chaque minot de fel au moins huit livres d'alun broyé , que les Tanneurs font obligés de fournir eux-mêmes , & en outre de la cendre pour empêcher qu'il ne puiffe fervir à leurs aliments. Il y eut fur-tout une con-vention expreffe à ce fujet entre les Fermiers-Généraux & les Jurés de la Communauté des Tanneurs , le 29 Novembre 1726 ; elle contient les mêmes claufes & conditions que celle des Bouchers que je viens de rapporter.

Le fel de Tanneur ou le fel de morue qu'on prend à la Gabelle , coûte actuellement vingt-cinq livres le minot , ou quatre fols la livre , au lieu de douze fols que coûte le fel ordinaire ; enforte qu'il y auroit un profit mani-fefte à l'employer , fi le Fermier n'avoit eu foin de prendre des précautions à cet égard. Le mêlange de l'alun infecte tellement ce fel , qu'on ne fauroit s'en fervir à aucun ufage.

Dans les Ports de mer on emploie du mauvais fel de fardine , & il y au-roit un grand avantage pour la falaifon des Cuirs d'être près de la mer , fi les précautions de la Ferme ne s'étendoient pas jufques-là.

TANNEUR.   B

11. La falaifon étant faite, on plie les peaux *en toifon*, c'eft-à-dire, qu'on plie d'abord la peau en deux fur fa longueur, de façon que chaque extrêmité foit exactement appliquée fur fa parcille, ce qu'on appelle *patte fur patte*; on forme enfuite tous les autres plis l'un fur l'autre en commençant par les jambages, enfuite la pointe du ventre vers le dos, puis tête fur queue, queue fur tête; on finit par un dernier pli qui double le tout, & en forme un quarré d'un ou deux pieds, comme on le voit en *D*, Pl. II.

Les peaux qui font falées fe mettent en pile de quatre en quatre ou de trois en trois; & pour donner au fel le temps de fondre & de pénétrer, on les laiffe ainfi empilées l'efpace de trois à quatre jours.

12. Après que le fel a eu le temps de pénétrer dans le tiffu de la peau, elle peut fécher fans rifque de fe corrompre; pour cet effet on l'étend fur une perche la chair en dehors, en obfervant de la pliffer un peu plus vers les épaules que vers la queue, pour que la peau ne feche pas plus vîte dans la partie mince que dans l'endroit le plus épais.

Il faut ordinairement huit jours en été, quinze jours en hyver, pour fécher les peaux; elles perdent à peu près quatre feptiemes du poids qu'elles avoient en fortant de la Boucheric; ainfi une peau de foixante-dix livres, contenoit quarante livres d'humidité fuperflue, & n'en pefe que trente lorfqu'elle eft feche; fi donc on pefe une peau feche & qu'on veuille favoir ce qu'elle pefoit étant verte, il faut doubler fon poids & y ajouter encore le tiers du même poids. Prenons pour exemple une peau feche de trente livres; ce nombre étant doublé, fi l'on y ajoute le tiers de trente, c'eft-à-dire, dix, on aura foixante-dix livres pour le poids de la peau verte.

Du lavage des Peaux.

13. Lorsque les Cuirs en poil qu'on veut habiller font *verds*, c'eft-à-dire, qu'ils confervent leur humidité naturelle, ou qu'ils font encore frais, on commence par les mettre tremper dans l'eau, feulement pour les défaigner, les nettoyer du fang & des ordures qu'ils amaffent à la tuerie. Comme le lavage eft une opération qui revient fans ceffe dans l'Art du Tanneur, il s'enfuit qu'une tannerie doit être établie au bord de l'eau, & s'il fe peut d'une eau coulante, & qui ne foit pas auffi dure & auffi aftringente que le font fouvent les fources qui coulent immédiatement des rochers. Si la tannerie eft fur le bord d'une eau coulante & rapide, on eft obligé d'attacher les Cuirs à des pieux fichés au fond de la riviere. Si les Cuirs font fecs, on les met également dans l'eau; mais on les laiffe tremper plus long-temps pour les ramollir.

On les retire une fois chaque jour pour les *craminer* ou leur *donner une paffe*, c'eft-à-dire, les étirer fur le chevalet avec le couteau, ou plutôt un fer qu'on appelle en Auvergne *Herbon*, ou *Couteau rond*; fouvent même on les foule, afin de les rendre plus souples & les faire tremper plus vîte ; on les rejette dans l'eau, & l'on renouvelle ce travail chaque jour jufqu'à ce que les Cuirs foient bien *revenus*, c'eft-à-dire, bien amollis par le trempement & le craminage.

14. On laiffe enfuite tremper les Cuirs jufqu'à ce qu'ils foient bien foulés d'eau, c'eft-à-dire, jufqu'au point où l'on commenceroit à craindre la corruption ; car il eft d'expérience que plus un Cuir a trempé, mieux il réuffit à l'apprêt, & meilleur il eft.

Cependant il y a un terme ; car les peaux dans le travail de riviere, tendent à la corruption ; on en juge par l'odeur defagréable qu'on éprouve dans les endroits où il fe fait. Il faut donc examiner avec foin le point de faturation ; il faut auffi confidérer que dans certaines eaux, comme celles de la riviere des Gobelins, la boue, les teintures & autres parties hétérogenes, piquent les Cuirs fi on les laiffe trop long-temps dans l'eau ; les gros Cuirs n'y doivent pas avoir plus de fix heures de boiffon ; les Vaches à œuvres, vingt-quatre heures ; les Veaux, quarante-huit heures.

15. Si les Cuirs font falés, ils ont encore plus befoin de tremper ; on les laiffe dans l'eau deux, trois ou quatre jours, fuivant que le temps eft plus ou moins chaud ; on les retire de l'eau tous les jours, & on les laiffe égoutter pendant l'efpace de deux heures à chaque fois, afin que l'eau pénetre mieux les Cuirs pour les attendrir, & on les agite dans l'eau pour qu'elle puiffe entraîner les ordures & le fel qu'elle a diffous. La derniere fois fur-tout qu'on les tire de l'eau, on les rince à force de bras pour les amollir & les nettoyer mieux de leur fel. On voit en *A*, dans la Planche I, le travail de celui qui rince les peaux dans l'eau. Il feroit utile pour ménager les peaux que l'on rince ainfi plufieurs fois, d'établir des perches entre deux eaux, pour empêcher qu'elles n'aillent au fond, où le gravier & le limon les effleure, les pique, les ronge, les endommage fouvent.

Si l'on avoit proche des tanneries des moulins à foulon, & que l'on mît une peau qui a trempé dans l'eau, fous les marteaux du foulon feulement l'efpace d'une heure, elle y feroit affouplie, rincée & craminée beaucoup mieux qu'elle n'eft à bras d'homme en toute une journée ; au refte le craminage s'opere fuffifamment enfuite par la dépilation (26) & le décharnement à vif qui augmente toujours de plus en plus la foupleffe des peaux.

16. Avant de *craminer* ou *caraminer* les peaux qui ont été féchées en poil, on commence à les fouler avec les pieds ; on fend la tête depuis les yeux jufqu'à la bouche ; on en coupe les oreilles, ce que les Hongroyeurs appellent *chapponner* ; on les décrotte au *demi-rond*, qui eft un couteau repréfenté en *M* dans la Planche I ; on enleve les os de la tête avec le demi-rond ; on repaffe les peaux fur chair, & en même temps on en ôte les pellicules, & tout ce qui s'y rencontre de fuperflu. On n'a pas befoin de craminer les peaux fraîches, parce que cette opération ne fert qu'à remédier au raccorniffement & à la roideur des peaux qui ont été deffechées.

17. Les peaux qui ont été craminées, doivent aussi être rincées en eau courante, afin de les nettoyer de toutes les ordures, & du limon qui seroit capa-
ble de les piquer dans l'échauffement ; ensuite on les étend sur une perche pour s'y égoutter l'espace de vingt-quatre heures ; pendant ce temps-là,
on va deux fois le jour tordre les extrémités pendantes de cette peau, où
toute l'eau se ramasse, afin de la mieux égoutter. On pourroit très-bien épargner ce délai de vingt-quatre heures, & presser l'égouttement ; il ne s'agiroit
que de récouler les peaux sur le chevalet avec le couteau rond, & les mettre
à peu près au point de siccité, où les mettent vingt-quatre heures d'égouttement ; mais on craint de les salir quand elles ont été rincées.

Du travail de la Chaux.

18. Nous avons dit que pour disposer les Cuirs à être pénétrés par le tan, il
falloit les faire enfler & en dilater les pores (2) ; cela se fait de plusieurs
manieres : il est de notre objet de les expliquer toutes, parce que de cette
premiere opération dépend le succès de la seconde ; un Cuir ne sauroit être
bien tanné, s'il a été mal préparé dans les passements ou dans les pleins. Mais
quoique nous entreprenions de décrire le travail du Cuir à la chaux, qui est
encore le plus usité, nous devons avertir que cette méthode est la moins
bonne de toutes celles que nous avons à décrire (48, 248.)

La plus ancienne méthode qu'on ait employée pour préparer les Cuirs à être
tannés, consiste à les mettre dans de l'eau de chaux pour les dégraisser & les
faire enfler ; cette chaux se met dans de grands creux pratiqués en terre &
qu'on appelle *pleins*. Nous avons exposé dans l'Art du Parcheminier, ce qui
nous portoit à préférer cette orthographe, tandis que d'autres écrivent *plains*
ou *pelins* ; l'étymologie étant incertaine & l'usage ayant varié, nous avons
adopté celui qui étoit consacré par des Arrêts du Conseil déja fort anciens.

19. La chaux dont on se sert pour faire les pleins, est une pierre dont le feu
a atténué les parties, de maniere à la réduire dans l'état d'une terre absorbante ;
l'union de cette terre avec de l'eau, produit une matiere saline, alkaline,
caustique, propre à attaquer les substances animales, à les corroder, à les
brûler ; aussi l'on n'emploie la chaux pour les Cuirs, qu'après qu'elle a été
bien éteinte dans l'eau, qu'elle est refroidie pendant plusieurs jours, & qu'elle
y a jetté presque tout son feu.

20. Un pied-cube de chaux ou un minot, coûte à Paris environ vingt sols ;
car le muid qui contient quarante-huit pieds-cubes, coûte à peu près cinquante livres. On fait infuser dans l'eau environ le tiers ou le quart d'un pied-
cube de chaux pour chaque Cuir, & cela forme un *plein* ; (34) on voit ces
pleins enfoncés dans la terre, & représentés en *C* dans la Planche I. La maniere dont ils doivent être espacés, sera expliquée ci-après (36.)

Dans

Dans tous les pays où l'on fait du Cuir à la chaux, on a plusieurs sortes de pleins dans lesquels chaque Cuir passe successivement dans l'espace de dix, douze ou quinze mois. Les Cuirs suffisamment amollis ou revenus doivent donc être mis dans le plein mort, c'est-à-dire, dans une vieille eau de chaux qui a déja jetté son feu, & c'est ce qu'on appelle *abattre* : les Cuirs doivent plonger entiérement dans le plein, c'est-à-dire, être submergés & recouverts par l'eau. On laisse les cuirs dans ce plein mort pendant huit jours, après quoi on les leve pour les mettre huit autres jours en *retraite*, c'est-à-dire, les ranger les uns sur les autres, & hors de la chaux : nous verrons ci-après (25) un autre ordre pour les pleins & les retraites. On voit dans la premiere planche, sur le bord des fosses C, plusieurs Cuirs qui sont en retraite, c'est-à-dire, empilés sur le pavé de la plamerie.

Après huit jours de retraite, on rabat les peaux dans le même plein, où on les laisse encore une semaine, & ainsi alternativement en plein & en retraite de huit en huit jours, pendant l'espace de deux mois : c'est le temps qu'il faut à un plein mort pour déraciner le poil, de maniere que le Cuir puisse aisément se débourrer. (26)

21. Suivant les mémoires des Inspecteurs du Commerce qui m'ont été communiqués, l'on trouve dans les différentes Provinces du Royaume une très-grande variété dans la maniere de gouverner les pleins. Dans l'Angoumois, le train de plamage est composé de douze pleins, dont les deux premiers sont *morts* ; les quatre suivants, *foibles* ; les six derniers, neufs ou à-peu-près : chacun est formé de deux barriques de chaux avec un sac de cendres.

En Poitou, on donne cinq pleins, dont deux morts & trois neufs ; chacun de 1 à 2 barriques de chaux, avec un sac de cendres. Dans la Bretagne, il y a des Tanneurs qui ont leur train de six pleins, dont le premier est mort ; le second, foible ; & les quatre derniers, neufs : d'autres Tanneurs Bretons ont leur train de six pleins neufs, qu'on fait de plus en plus forts par une augmentation progressive de chaux & de cendres : & ces Tanneurs ne débourrent leurs Cuirs qu'à la sortie du quatrieme ou cinquieme plein, persuadés que les Cuirs plament mieux en poil qu'en tripe (28.)

22. En Auvergne, on compose les pleins avec une lessive de cendres, mêlée de chaux vive, & l'on fait trois pleins d'un mois chacun. A Saint-Angel en Limousin, les pleins durent six mois, & ils sont faits avec de la chaux mêlée de cendres. Dans le Diocèse du Puy en Languedoc, les pleins durent huit à dix mois, & l'on y met aussi des cendres & de la chaux. Dans la Champagne & dans le duché de Luxembourg, ceux qui ne font pas le Cuir à la jusée (190) donnent quinze à dix-huit mois de plein, en augmentant peu à-peu & très-lentement la quantité de chaux & la force des pleins. En Dauphiné, l'on fait quatre pleins consécutifs ; on y emploie plus de

chaux que dans aucun endroit du Royaume, mais les Cuirs n'en doivent pas être meilleurs.

23. Chacun suit en cela l'usage de ses peres, ou l'expérience qu'il croit avoir acquise : il nous paroît cependant que le grand nombre des pleins ne sert à rien, & produit une dépense inutile en chaux & en cendres. Le Cuir ne peut gonfler que jusqu'à un certain terme, au-delà duquel il ne fait plus que se brûler ou se dessécher : le Cuir prend autant d'épaisseur en trois ou quatre pleins qu'il en pourroit prendre en six & même en douze.

24. J'ai oui détailler à un homme fort intelligent une maniere de gouverner les pleins qui est un peu différente, mais qui réussit à merveille.

Je suppose qu'on ait à conduire à la fois cent vingt-huit Cuirs forts dont seize seulement, c'est-à-dire, la huitieme partie puisse entrer à la fois dans un plein : ce plein, après avoir refroidi pendant quatre jours, servira pendant quatre jours de plein frais, & cent vingt-huit autres Cuirs y passeront chacun douze heures, ou bien les seize premiers pendant un peu moins, & les seize derniers un peu plus de douze heures.

Le plein qui pendant quatre jours a servi huit fois de plein neuf, servira pendant huit jours de second plein frais à cent vingt-huit Cuirs : chaque assemblage de seize Cuirs passera vingt-quatre heures dans le plein : il servira ensuite de troisieme plein frais ou *plein foible* (30) pendant huit autres jours : il servira de *plein pour peler*, ou de troisieme plein mort pendant huit jours : il servira de second plein mort pour *sauver*, c'est-à-dire, seulement pour conserver les Cuirs, & cela pendant huit jours : enfin il servira de plein mort pour *mettre en plein*, c'est-à-dire, pour commencer à préparer cent vingt-huit Cuirs arrivant de la boucherie, dont chaque partie de seize y passera également huit jours ; alors ce plein qui a servi avec six qualités différentes à six fois cent vingt-huit Cuirs pendant quarante-quatre jours, n'étant plus bon à rien, on le jette à l'eau ; on verse le cinquieme à sa place, & ainsi de suite ; le plein frais se trouve vuide, & l'on recommence de la même maniere.

25. Dans cette maniere de gouverner les pleins, on voit que des cent vingt-huit Cuirs il n'y en a jamais que seize à la fois dans le plein neuf, & ils n'y sont que douze heures sur les quatre jours entiers ; dans tous les autres pleins, ils sont également sept fois autant de temps en retraite que dans le plein ; il y a quatre retraites dont trois sont de trente-deux Cuirs & une de seize, enforte que des trente-deux Cuirs, seize sont une semaine dessus & une semaine sous les seize autres : cet ordre a lieu, soit avant, soit après la dépilation (30.)

Maniere de débourrer les Peaux.

26. On connoît que les Cuirs sont en état d'être dépilés, lorsqu'en

arrachant avec la main quelques poils, on entend crier la peau, fans éprouver une trop grande réſiſtance. Les Cuirs qui ont été deux mois dans les pleins morts, font ordinairement en état d'être *débourrés* ou pelés, mais auparavant on les jette dans l'eau pour y paſſer vingt-quatre heures ; le lendemain on les rince en les tirant de l'eau, on les étend ſur le chevalet, après avoir fait une couche.

Faire une couche, travailler en couche, c'eſt mettre ſur un chevalet une peau pliée en double, déja écharnée ; on la recouvre encore d'autant de peaux que l'on veut, & l'on met ſur tout cela celle que l'on veut raſer, pour que la ſoupleſſe du fond puiſſe prêter aux inégalités de la peau & ne pas reſiſter au couteau, qui la couperoit infailliblement. Pour débourrer ou dépiler les Cuirs, on ſe ſert du *couteau rond,* qui ne coupe ni du milieu, ni des talons, & que l'on voit en *N* dans la premiere planche.

D'autres emploient une pierre à aiguiſer, appellée *la Queurſe,* qui par ſes angles opere la dépilation beaucoup mieux que le *rond* & ſans aucun riſque pour la fleur ; on la voit dans la planche premiere, repréſentée en *O.*

27. On ſe ſert auſſi de ſable pour aider à déraciner le poil ; mais il faut un ſable de riviere très-fin. D'autres emploient de la cendre à la place de ſable, mais elle ne fait pas auſſi bien ; d'ailleurs les peaux où l'on a employé de la cendre ont beſoin d'être rincées avec beaucoup plus d'attention que les peaux dépilées au ſable, les particules de la cendre étant moins mobiles, moins peſantes, plus difficiles à détacher que celles du ſable. Soit qu'on ſe ſerve du couteau rond ou de la queurſe, il faut avoir ſoin qu'entre le Cuir & le chevalet il ne reſte aucune ordure, aucun corps étranger, qui en réſiſtant au couteau puiſſe couper, affoiblir ou fatiguer le Cuir.

28. Lorſque les peaux ont été dépilées & rincées, on reconnoît ſi elles ſont de bonne qualité par des veines blanches entrelacées que l'on voit ſur la fleur ; elles prouvent que les vaiſſeaux de la peau ont été bien déſaignés, ſans avoir été endommagés par le travail du chevalet. On appelle *Cuir en tripe* celui qui a été ainſi débourré, pelé & trempé : il reſſemble en effet alors à de la tripe ou à des inteſtins d'animaux, par la conſiſtance & la couleur.

29. M. Desbilletes diſoit en 1708, que les Cuirs de Bœufs en arrivant à la tannerie, devoient être parſemés du côté du poil avec de la poudre de genêt, cueilli en la ſeconde ſaiſon, & qu'en les laiſſant repoſer ainſi trois ou quatre jours, le poil commençoit à tomber, de ſorte qu'il étoit facile de les peler, ſur-tout en jettant auſſi de la cendre ſur le poil pour le déraciner plus aiſément.

On avoit auſſi écrit d'Angleterre, ſuivant M. Desbilletes, que pour ôter le poil ou la laine de toutes ſortes de peaux crues, il falloit faire une forte liqueur de genêt verd hâché bien menu, ou de genêt épineux au défaut du genêt verd, & y mettre tremper les peaux deux ou trois jours, ce qui

ôtoit le poil & la laine fans aucun fecours de la chaux. Si par cette méthode
on n'épargnoit pas plus la peau que par l'ufage de la chaux, on épargnoit
au moins beaucoup de temps.

Suite du travail des Pleins.

30. Les Cuirs étant débourrés fe mettent dans un plein foible, c'eft-à-dire,
dans un plein qui a déja fervi plufieurs fois de la maniere détaillée ci-deffus (20.)
Ils y demeurent quatre mois, pendant lefquels on obferve la même alterna-
tive de huit en huit jours ; on les laiffe en retraite une femaine, & on les
abat enfuite pour huit jours : il y en a qui levent & qui abattent plus fouvent ;
les Cuirs n'en vont que mieux (24).

31. Après les quatre mois, on retire les Cuirs du plein foible ; on leur donne
un plein neuf compofé de deux barriques de chaux vive, qu'on a eu foin de
faire éteindre la veille dans une quantité d'eau fuffifante : la chaux ayant ainfi
jetté fon plus grand feu, on y abat les Cuirs ; on les met en retraite alternativement de femaine en femaine comme dans les pleins précédents : ils
reftent dans ce nouveau plein l'efpace de quatre mois.

32. Toutes les fois qu'on leve des Cuirs & qu'on en abat d'autres, on
a foin de braffer le plein, c'eft-à-dire, de remuer la chaux à force de bras
avec les bouloirs. On appelle *bouloir* un bâton de fix à fept pieds, qui porte
à fon extrémité une petite piece de bois d'environ cinq à fix pouces d'équar-
riffage, avec laquelle on fouleve la chaux qui fe dépofe au fond du plein :
on le voit repréfenté en *H* dans la planche I. Tandis que la chaux eft encore
agitée & fufpendue dans l'eau, les deux hommes qui tiennent chacun une
pince prennent le Cuir d'un côté & de l'autre, le rangent dans le plein,
l'étendent de leur mieux pour que toutes les parties foient également cou-
vertes de chaux : quand tous les Cuirs font couchés, la chaux s'y dépofe
bien-tôt, & l'on ne voit plus au-deffus que de l'eau claire. On voit en *C*,
(*planche I,*) le travail des deux Ouvriers qui avec des pinces étendent les
Cuirs dans le plein.

33. Les Cuirs ont été jufqu'ici dans trois pleins, le premier, *plein mort*, le
fecond, *plein foible*, le troifieme, *plein neuf*, pendant l'efpace de dix mois ;
on finit l'année par un autre plein neuf : on y abat auffi les Cuirs, & on les
gouverne comme dans les trois pleins précédents ; on met les Cuirs en retraite de femaine en femaine pendant l'efpace de deux mois.

34. Pour donner une idée exacte de la quantité de chaux néceffaire pour
un plein, je me fervirai d'une barrique de chaux ayant vingt-deux pouces
de diametre & trente-deux pouces de hauteur, dont on fe fert dans le
Lyonnois ; fa folidité eft de mille deux cents feize pouces-cubes, ou environ
huit pieds & demi ; il faut deux barriques femblables, c'eft-à-dire, dix-fept

pieds-

pieds-cubes de chaux pour faire un plein neuf à quatre-vingts Cuirs. On partage quelquefois ces quatre-vingts Cuirs en quatre retraites de vingt Cuirs chacune, c'eſt-à-dire, qu'on en met d'abord vingt dans le plein pendant deux jours ; on les retire pour en mettre vingt autres également pendant deux jours : par ce moyen tous les Cuirs dans l'eſpace de huit jours ont eu deux jours de plein & ſix jours de retraite. Tous les deux mois on renouvelle le plein en y mettant deux barriques de chaux lorſqu'on en veut faire un plein neuf, ou bien les deux mois ſuivants il ſert comme plein foible ſans addition de nouvelle chaux, après quoi il n'eſt plus qu'un plein mort, & ne ſert qu'à préparer les Cuirs avant qu'ils ſoient débourrés (24.)

35. Lorſqu'on veut conſerver de la chaux dans des barriques ſemblables, on a ſoin de les couvrir avec beaucoup de cendres, ſans quoi elle s'éteindroit à l'air.

36. Dans une plamerie il faut avoir du large à la droite & à la gauche de chaque plein, pour faire deux retraites de chaque côté & un paſſage entre deux, avec un autre paſſage entre les retraites & les pleins : il faut que les pleins ſoient aſſez éloignés, pour que la retraite de l'un ne découle pas dans l'autre, parce qu'il y a toujours un plein meilleur que l'autre : la retraite porte au moins ſept pieds de long ; ainſi il faut neuf pieds entre le plein & le mur de chaque côté.

Du travail de Riviere.

37. Les Cuirs qui ont été pendant un an dans ces quatre pleins ont acquis tout le plamage qui leur eſt néceſſaire ; il s'agit de les écharner, & ſucceſ-ſivement de les travailler de riviere. *Travailler de riviere*, c'eſt paſſer ſur le chevalet au couteau rond, ou à la tuile, ou à l'herbon, du côté de la fleur, pour les récouler & en exprimer la chaux.

J'ai déja parlé fort au long du travail de riviere dans l'Art du Parcheminier & dans celui du Chamoiſeur, où il eſt de la plus grande importance : il me ſuffira donc de dire ici qu'on doit par le travail de riviere enlever toute la chaux, la chair & les parties étrangeres au Cuir : le Cuir à l'orge eſt celui qui a le plus beſoin d'être travaillé de riviere (116.)

38. On voit en *B* dans la planche premiere, des Ouvriers qui travaillent de riviere ; les Cuirs ſont étendus ſur le chevalet, qui eſt repréſenté ſéparé-ment en *L* dans le bas de la planche : les couteaux *M* & *N* ſont ceux qui ſervent à ce travail ; le premier n'a qu'un tranchant mouſſe, & ne ſert qu'à débourrer ou récouler les Cuirs ; on l'appelle dans certains endroits *Boutoir*, *Herbon*, *Demi-rond* ; l'autre eſt coupant & ſert à écharner : l'un & l'autre ont deux poignées, ſemblables à ces *planes* ou couteaux à deux man-ches dont ſe ſervent les Charrons.

Le travail de riviere adoucit la fleur des Cuirs, & empêche qu'elle ne ſe caſſe dans les opérations ſuivantes ; il les rend plus ſouples & plus propres à être pénétrées par le tan : on les foule d'abord ; enſuite on les queurſe avec la pierre à aiguiſer, appellée *Queurſe*, & que l'on voit en *O* au bas de la Planche premiere ; on les rejette dans l'eau ; on les foule encore une fois ; on leur donne une façon de fleur ; on les met encore à l'eau , & on les foule de nouveau ; enfin on leur donne une grande façon de fleur & de chair qui acheve de les adoucir, d'en exprimer toute la chaux , & d'en enlever toute la chair.

De la fiante de Pigeon dont on ſe ſert en Angleterre , & des autres additions qu'on peut faire à la Chaux.

39. On a vu ci-deſſus que dans pluſieurs Provinces de France on ajoutoit à la chaux une certaine quantité de cendres (22) , dont la cauſticité alkaline corrode également la peau & fait tomber le poil. Beaucoup d'autres ingré-diens produiroient le même effet ; mais les meilleurs ſeroient ceux qui ten-droient le plus au gonflement qu'il s'agit de faire naître dans les Cuirs. J'ai eu occaſion de voir l'été dernier en Angleterre une aſſez grande Tannerie à Oxfort, dont le travail ſe fait auſſi par le moyen de la chaux ; les Cuirs y ſont trois ſemaines ſeulement dans les pleins : après qu'ils ont été travaillés de riviere , on les met pour huit jours dans la fiante de pigeon , mais on les en tire tous les jours pour les mettre pendant demi-heure en retraite : il y en a qui les y laiſſent quinze jours ou trois ſemaines.

40. Cette fiante de Pigeon ramollit les peaux que la chaux avoit durcies ; elle leur donne de la couleur, les dilate & les prépare à être tannées : on met de cette fiante de Pigeon une meſure de ſix pouces de haut ſur dix pouces de diametre , ce qui fait environ dix pintes de Paris, ou un boiſſeau & deux tiers , pour douze Cuirs : elle coûte environ ſeize à dix-huit ſols de France le *Bushel*, qui fait environ deux boiſſeaux & un tiers meſure de Paris. *

41. Je trouve dans un ancien Mémoire de M. Desbilletes, écrit en 1665 , une maniere de préparer les peaux pour être tannées, qui eſt aſſez remar-quable, puiſqu'elle eſt oubliée actuellement en France , mais non pas en Angleterre , comme il paroît par l'article précédent. Il faut, dit-il, prendre de l'eau fraîche , aſſez pour tremper les Cuirs ; y ajouter environ quatre ou ſix boiſſeaux de genêt verd, pilé ou haché menu , ou même de la fougere verte, de la fiante de Chien, de Poulet & de Pigeon, & laiſſer tremper le tout enſemble pendant deux fois vingt-quatre heures : il faut enfoncer les peaux là-dedans , & les y laiſſer auſſi pendant deux jours ; après cela les travailler

---

* Le boiſſeau de Paris eſt une meſure de 661 pouces-cubes & $\frac{7}{10}$: c'eſt mal-à-propos que pluſieurs Auteurs le ſuppoſent de 576 pouces. La pinte de Paris eſt de 48 pouces-cubes.

fur le chevalet du côté du grain ou de la fleur ; puis ayant fait une eau ou liqueur au grain avec de l'eau & quelques-uns des ingrédients (45) bien battus, on y fait tremper les peaux pendant vingt-quatre heures, & on les remue beaucoup dans le commencement.

42. Cette liqueur au grain fe fait quelquefois avec de l'eau chaude, en femant fur les peaux quelques-unes des drogues dont nous parlerons ci-après, ou quelques autres ingrédients tels que les cimes, taillures, rameaux de chêne, de châtaignier ou de bouleau, ou les arbriffeaux eux-mêmes de trois ou quatre ans, bien féchés & moulus.

43. Je trouve auffi dans les Mémoires que M. Desbilletes rédigea pour l'Académie en 1708, que le Colonel Dougthy avoit apporté d'Angleterre quarante-cinq ans auparavant un fecret dont il fe difoit l'inventeur. Ce fecret fut pratiqué à Paris & à Châtelleraud, fous les ordres d'une Compagnie qui avoit traité avec le Marquis de Ruvigny, à qui le Roi avoit fait don de cette Manufacture par toute la France. Voici en quoi confifte ce fecret, qu'on appelloit *le Confit* : quoique le mot de *Confit* foit aujourd'hui réfervé à la compofition de fon où les Chamoifeurs & les Mégifficrs font fermenter leurs peaux. On prend du genêt au Printemps & en temps fec, pendant qu'il eft verd fur pied, depuis le mois de Mars jufqu'au commencement de Juin, ou même dans la feconde faifon, depuis le mois d'Août jufqu'au mois de Novembre; mais celui du Printemps eft meilleur : on peut fe fervir auffi du genêt piquant, qu'on nomme *ajonc* en plufieurs pays de la Loire; mais il ne vaut pas le genêt verd. On le fait fécher en l'étendant ; on le ferre dans un lieu fec ; on le fait broyer dans un moulin à tan, ou bien on le coupe fort menu, ou on le brife avec un marteau : quand on en a un muid, on le met dans la cuve, où l'on verfe de l'eau fraîche autant qu'il en faut pour couvrir enfuite vingt douzaines de peaux de Veaux quand il fera temps de les y mettre : on laiffe tremper le genêt pendant quatre jours, y ajoutant auffi un peu de fiante de Chiens, de Poulets ou de Pigeons, jufqu'à ce que l'eau devienne rouffe & forte : on coule la liqueur à travers un panier pour en féparer le genêt : on prend auffi environ la moitié d'un boiffeau de chaux vive qu'on fait éteindre à part dans de l'eau fraîche & nette, & qu'on met enfuite avec la liqueur de genêt ; on remue bien le tout enfemble, & l'on y jette les peaux de Veaux : il faut les retirer tous les deux jours, & pendant qu'elles font dehors, on remue la chaux : on continue ainfi l'efpace de fept à huit jours en été, plus long-temps en hyver, après quoi elles font prêtes à écharner. Après les avoir écharnées, on les remet dans ce confit pendant huit autres jours, après lefquels on les travaille de fleur : enfin on les remet une troifieme fois au confit, & enfuite on les travaille de chair pour la feconde fois ; après cela on les nettoie & on les met dans le coudrement.

44. Pour faire le coudrement, on prend une cuve ou *coudroir* propre à

contenir dix douzaines de peaux ; on y met de l'eau chaude jusqu'aux deux tiers ; on y jette un demi-muid de tan ; on met les peaux dans cette cuve pour huit jours ; le premier jour on les remue & on les retourne sens dessus dessous pendant deux ou trois heures ; le second & le troisieme jour on ne les remue pas de même, mais on les leve seulement, & on les fait rasseoir sur une planche pendant quelques heures : les autres jours, on les laisse en repos dans le coudrement.

45. Après les huit jours de ce premier coudrement, on met les peaux dans une seconde liqueur préparée trois jours auparavant de la maniere suivante : on prend un muid & demi de tan, on en met la moitié dans l'eau, on y étend quatre à cinq peaux, & on les couvre d'une couche de tan, & toujours ainsi alternativement : les peaux passent un mois dans cette liqueur, & c'est-là qu'elles se tannent. On peut aussi, dit M. Desbilletes, parsemer sur les peaux, en les mettant dans cette cuve, de la poudre de dictame, de raphanus-marinus, de poivre blanc, de sumach, de noix de galle, ou de gingembre : l'usage de ces poudres contribue à donner de la fermeté & du grain.

46. Au bout d'un mois, on repasse les peaux dans une autre cuve où il y a une liqueur pareille, mais moins forte & où l'on donne les couches moins fréquentes : on retire les peaux tous les jours, mais on les remet promptement, de peur qu'elles ne soient tachées : au bout de trois jours, on les met dans des eaux plus fortes, avec du tan répandu entre toutes les peaux : on change ainsi deux ou trois fois ces eaux fortes jusqu'à ce que les peaux soient bien tannées, ce qui arrive ordinairement dans l'espace d'un mois, puis on les pend à l'ombre pour y sécher.

47. A l'égard des Vaches qui sont plus fortes que les Veaux, il faut doubler les temps ; de même lorsqu'on est en hyver, ou depuis le mois de Septembre jusqu'au mois de Mars, il faut doubler tous les intervalles précédents. Le genêt dont nous avons parlé ci-dessus, qu'on mêloit à la chaux pour faire tomber le poil, diminuoit, suivant M. Desbilletes, la qualité corrosive de la chaux ; c'est pourquoi on avoit imaginé depuis quelques années de l'y mêler. Les peaux de Bœufs & autres gros Cuirs exigent des eaux plus fortes que celles dont nous avons parlé d'après M. Desbilletes (43), & des ingrédients plus astringents. Il dit donc qu'on se sert du bouleau de trois ou quatre ans, ou bien des menus rameaux de bouleau ou de châtaignier : le bouleau vaut mieux, & le Cuir s'en fait meilleur ; il sera même encore plus beau en mêlant avec le bouleau de l'écorce de chêne ; mais il ne faut pas les moudre aussi fins pour les gros Cuirs que pour les peaux de Veaux & de Vaches.

Des effets & du danger de la Chaux.

48. Lorsqu'on a imaginé de faire séjourner les Cuirs pendant un an dans une eau de chaux, c'étoit pour les dégraisser, les attendrir & les faire enfler

par

par l'humidité, fans courir rifque de la putréfaction : l'eau de chaux les dilate en effet, mais elle les ronge en même-temps : elle ne produit qu'en un an l'effet qu'on peut obtenir en moins d'un mois par des eaux préparées différemment (117, 199). La chaux rend le Cuir ferme, & par conféquent dur & caffant : lorfqu'étant employé en fouliers, il éprouve une trop grande humidité, il a beaucoup de peine à fécher ; il fe relâche alors, & s'étend comme une éponge.

49. Avant que la réputation des Cuirs d'Angleterre & de Liege eût prévalu fur celle de nos Cuirs, les Tanneurs François fourniffoient une partie de l'Europe, & leurs profits étoient confidérables : les anciens s'en fouviennent encore ; mais quelle a pu être la caufe d'un pareil changement ? L'ufage de la chaux eft certainement une des caufes qui a caufé le difcrédit de nos Manufactures, lorfque les étrangers ont commencé d'abandonner cet ufage. La chaux eft corrofive ; elle brûle la fubftance du Cuir au point qu'on le voit fouvent fe déchirer en le tirant avec les pinces.

50. Lorfque le Cuir eft brûlé par la chaux, le tan qui n'eft qu'aftringent & defficatif, ne fauroit réparer des fibres à moitié détruites ; il ne peut que fortifier celles qui font entieres, en les rapprochant & leur ôtant cette humidité, qui relâche & difpofe à la corruption. Les Anglois habillent leurs Cuirs à l'orge & à la jufée, fans le fecours de la chaux : c'eft en les imitant que nous pouvons obtenir la concurrence dans le Commerce, & rétablir la balance qui penche actuellement de leur côté. Il faut ajouter à cela l'adminiftration burfale, dont nous parlerons à la fin de cet Ouvrage, & qui influe beaucoup fur le Commerce.

51. On a toujours reconnu que la chaux endommageoit un peu les Cuirs; car l'ufage dans le Languedoc étoit de les arrofer de temps à autre (lorfqu'on les tiroit du plein) avec de l'eau pour les rafraîchir & les empêcher de brûler. Dans les Diocèfes de Nîmes & de Rieux, on ne met les Cuirs que dans de la chaux anciennement éteinte, & cela pendant un mois feulement : il y a des pays où l'on ne laiffe les Cuirs en chaux que deux mois, & enfuite dix-huit mois en écorce : le Cuir n'eft pas fi gonflé ni fi dur ; mais il eft de meilleur ufage.

Des Cuirs de Lunetiers.

52. Je ne connois qu'une feule efpece de Cuirs dont la chaux faffe l'unique préparation, ce font les Cuirs de Lunetiers ; tous les autres ne reçoivent la chaux que comme une préparation au tannage. Les Lunetiers prennent ces Cuirs encore tout humides au fortir des pleins pour faire des cercles ou entourages de lunetes à mettre fur le nez : ces Cuirs fe gouvernent fur les pleins pendant quatre à cinq mois ; le Lunetier les tend enfuite fortement avec des cloux, de maniere qu'ils ne faffent point de plis ; il les laiffe fé-

cher dans cet état de tenfion : quand ces Cuirs font fecs , ils reffemblent à du gros parchemin , épais d'environ une ligne & demie ; on les coupe alors avec des fers ronds & tranchants pour s'en fervir. Un Cuir de quatre-vingts livres (c'eft-à-dire, qui pefoit quatre-vingts livres en poil) coûte dans cet état environ cinquante livres.

DU TAN ET DES FOSSES A TANNER.

53. Les Cuirs, après avoir été gonflés par l'eau de chaux, après avoir éprouvé une fermentation qui en a dilaté le tiffu & écarté les fibres , & étant privés de cette gomme naturelle qui les rendoit incapables de foutenir l'humidité , font dans un état convenable pour être pénétrés par l'écorce, qui doit en fortifier & réunir les fibres ; c'eft-à-dire , qu'ils font propres à être tannés.

54. Le *Tan* n'eft donc autre chofe qu'une poudre aftringente & defficative , dans laquelle on met un Cuir pour y acquérir la force & la dureté nécef-faire (74) : c'eft communément l'écorce des jeunes chênes qu'on choifit pour faire du tan, comme nous l'avons dit en commençant.

55. On dépouille de leur écorce les jeunes chênes dans le temps que les boutons commencent à s'ouvrir, & que la feve monte, ce qui donne le moyen de tirer facilement l'écorce de deffus le bois : c'eft environ vers le milieu d'Avril, plutôt ou plus tard, fuivant la température de l'année & la fituation des lieux.

Il eft défendu dans les bois du Roi d'écorcer les arbres fur pied : il eft vrai que fi après avoir écorcé des arbres, on les laiffe fur pied jufqu'à la feve fuivante, on endommage la fouche, & l'on perd une demi-feve pour le produit des bois ; cependant quand on abat le bois auffi-tôt après l'avoir écorcé, la fouche ne meurt pas, & la racine peut reproduire.

On nomme *Pelard* le bois ainfi dépouillé de fon écorce, & il n'eft plus bon qu'à brûler ; il eft même bien inférieur au bois neuf en écorce ; il brûle plus vîte ; il donne beaucoup de flamme & peu de chaleur, parce qu'il a beaucoup de fentes ou de gerfures, étant plus defféché que le bois en écorce (59.)

M. de Buffon, (Mém. Ac. 1738, p. 181,) fait voir qu'il n'y a pas beau-coup d'inconvénient pour les forêts à écorcer les bois : cependant le pelard fe vend un écu par voie * moins que le bois ordinaire, ce qui fait une dimi-nution d'un fixieme fur le prix du bois ; il y a encore à perdre l'épaiffeur de l'écorce ; de plus il y a toujours quelques fouches qui meurent après avoir

---

* La voie de bois eft une quantité d'environ 56 pieds-cubes ; du moins elle fe mefure dans un moule qui a 4 pieds de haut , 4 pieds de large ; & les buches ont 3 pieds & demi de long fur environ 28 pouces de circonférence. *Voyez l'Ord. de 1681, & le Traité des bois de Caron.*

été écorcées. Enfin il y a une dégradation confidérable quand on va écorcer
fur pied ; c'eft pourtant ce qui fe pratique ordinairement ; car l'on n'aime
point à écorcer les arbres quand ils font abattus ; l'écorce devient trop adhérente au bois , & il faudroit trop d'Ouvriers pour écorcer une coupe tout à
la fois ou en peu de temps. On trouvera dans le Traité de M. Duhamel fur
l'Exploitation des Bois , qui eft actuellement fous preffe , des détails confidérables fur les prix & les travaux de l'écorce.

56. On obferve dans l'écorce beaucoup plus de *vaiffeaux propres* , c'eft-
à-dire, de ceux qui portent les baumes & les réfines , & c'eft la fource de
la qualité aftringente de l'écorce ; c'eft fur-tout l'écorce moyenne qui en
renferme le plus ; les couches extérieures font fouvent feches , mortes ,
déforganifées & terreufes ; les couches intérieures contiennent trop de
fibres ligneufes. (Voyez M. DUHAMEL , *Phyfique des arbres*).

57. L'écorce la meilleure pour faire le tan , doit être blanche en dehors
avant qu'elle foit moulue , rougeâtre dans l'intérieur , rude & feche du côté
du bois , caffante , de couleur incarnat , faifant fentir la feve en dedans , &
confervant fon odeur lorfqu'elle eft moulue : l'écorce que l'on coupe pour
la mettre en bottes , eft préférée à celle qui eft pliée.

En France , on penfe que l'écorce doit fe tirer des jeunes chênes de dix à
vingt ans , tout au plus de trente ans ; la qualité des forêts qui paffent pour
donner la meilleure écorce , eft d'être dans un terrein fec & pierreux , expo-
fées au Levant ou au Midi.

On rebute une écorce qui, avant d'être moulue, marque par fes crevaffes
en dehors qu'elle eft de vieux chêne , ou qu'elle eft prife trop près de la
racine ; fa noirceur du côté du bois prouve qu'elle eft trop vieille , ou qu'elle
a fouffert de la pluie : fi elle eft trop rouge en dedans , fi elle a une odeur
paffée , on reconnoît qu'elle a perdu fa qualité.

L'écorce moulue eft réputée mauvaife fi elle eft trop rouge , fi elle eft fale
& craffeufe , & fi elle paroît filandreufe ou filamenteufe comme du chanvre.

Le Meûnier doit apporter du foin pour la bonne mouture de fon écorce ;
il ne doit point y refter de *groffes lifieres* ou morceaux d'écorce qui reftent
plats fous les meules , & qui n'étant pas brifés & ouverts ne produifent
qu'une partie de leur effet.

58. Le prix de l'écorce eft fort différent dans les Provinces , fuivant la
difette ou la quantité de bois : dans le Lyonnois & dans la Breffe , elle coûte
trois livres le cent en poudre , plus ou moins : les Meûniers prennent huit
fous pour le droit de mouture d'un fac de cent trente livres.

M. Guimard dans fes Mémoires manufcrits écrits en 1745 , dit qu'aux
environs de Paris l'écorce fe vend en paquets ; la *cavelée* d'écorce eft compofée de cinq paquets ; chaque paquet a cinq pieds de long & autant de
circonférence : fi c'eft de l'écorce de dix à douze ans , la cavelée vaut quinze

à seize livres ; mais celle de ſ ize à dix-ſept ans ne vaut que douze livres la cavelée ; ce n'eſt pas qu'elle produiſe moins, mais elle n'a pas, dit-on, la même force ; elle n'eſt pas ſi pénétrante quand elle eſt plus vieille. Chaque paquet donne environ cinq boiſſeaux de poudre, & le boiſſeau peut peſer trente livres ; alors la poudre ne revient qu'à quarante-huit ou cinquante ſous le quintal : elle eſt encore à meilleur marché dans certains endroits.

D'autres Marchands vendent l'écorce par muid ; le muid d'écorce contient cent quatre ou cent vingt-quatre bottes, & il en coûte ſept à huit livres pour le faire battre au moulin. Il y a des années où la Manufacture de Saint-Germain emploie dans ſes deux cents foſſes ſix ou huit mille poinçons de tan ; elle le tire de Dreux, de Corbeil, & d'autres endroits voiſins de la Seine : on l'a acheté juſqu'à ſept livres le poinçon (qui eſt de deux cents livres peſant en poudre) ; mais le prix le plus ordinaire eſt de trois livres dix ſous. C'eſt du demi-battu qu'on y emploie principalement, au lieu que la molletterie, la tannerie des Cuirs à œuvre exige du tan plus fin, tel que celui qu'on tire de la Bourgogne ; mais celui-ci venant de plus loin eſt auſſi plus cher.

A Nantes, on achete l'écorce par fournitures de cent fagots ; chaque fagot, à vingt ſols la piece, peſe quarante-cinq livres ; & l'écorce revient, lorſqu'elle eſt moulue, à cinquante ſous le quintal. A Rennes, on l'achete à un écu la barrique en poudre ; elle peſe cent cinquante livres, ce qui revient à quarante-cinq ſous le quintal.

59. Dans les pays où l'écorce eſt difficile à avoir, à cauſe de la rareté & de la cherté du bois, les Tanneurs * ont quelquefois demandé que le bois à brûler fût aſſujetti à ne pouvoir être expoſé en vente qu'il n'eût été dépouillé de ſon écorce : l'exemple du bois flotté qui ſe brûle à Paris ſans ſon écorce, fait voir que la choſe eſt en effet praticable, & qu'il y auroit de l'avantage pour les Tanneurs ; mais d'un autre côté, les Maîtres des Forges s'y ſont oppoſés, ayant obſervé que ce dépouillement fait perdre au bois de ſa force & de ſa chaleur, comme j'en ai averti ci-deſſus (55.)

Les Tanneurs de Beſançon ont demandé qu'il fût permis d'abattre les arbres juſqu'au 15 Mai, au lieu que l'Ordonnance des Eaux & Forêts n'accorde que juſqu'au 15 Avril : ils ſe fondent ſur ce que le temps de la grande ſeve eſt plus retardé dans cette Province-là qu'ailleurs, à cauſe du climat plus froid ; & cela peut avoir quelque fondement, comme j'en ai averti.

Du côté de Gray en Franche-Comté, on s'eſt plaint de ce que le grand nombre de forges & de fourneaux établis dans ce Bailliage occaſionnant de grandes conſommations de bois, on étoit réduit à les exploiter de trop bonne heure, & que des chênes de dix à douze ans étoient trop jeunes pour fournir une bonne écorce : cela s'accorde aſſez avec l'uſage des Anglois, qui emploient l'écorce des chênes plus avancés (60.)

---

* En particulier ceux de Vitré & de Fougeres en Bretagne.

Dans

Dans la Généralité d'Orléans, la Maîtrise des Eaux & Forêts avoit jugé à propos de borner l'exploitation des écorces, & l'on y étoit obligé de les tirer d'ailleurs en poudre : ces sortes de précautions sont souvent nécessaires pour quelque temps.

Dans le Dauphiné, l'écorce est si abondante, que plusieurs particuliers en font commerce avec l'étranger ; mais il y a bien peu de pays où l'on ait un pareil avantage.

60. Il y a des pays où l'on coupe l'écorce dans des moulins, où deux pilons ferrés & tranchants par le bas tombent alternativement sur cette écorce : ces moulins vont soit par le moyen de l'eau, soit par le moyen d'un cheval : d'autres la font piler ou écraser sous une meule de pierre : quelques personnes prétendent que la meule échauffe l'écorce, lui fait jetter une partie de son feu, & lui ôte de sa force. Enfin il y en a où l'on est obligé de la faire couper par mains d'hommes : telle est la Province de Bretagne, où il se trouve très-peu de moulins à tan, & néanmoins le tan n'y est pas plus cher qu'ailleurs ; il ne revient qu'à cinquante sols le quintal.

C'est à Essone que sont les moulins à tan qui fournissent le plus d'écorce aux Tanneurs de Paris, & ils vont par le moyen de l'eau.

61. En Angleterre, on emploie l'écorce des vieux chênes aussi-bien que celle des jeunes rejettons ; on la réduit en morceaux avec une meule de pierre que fait tourner un cheval, comme dans nos pressoirs à cidre ; seulement la meule est plus grosse, & elle est cannelée ou sillonnée pour pouvoir mieux briser l'écorce. L'écorce des vieux chênes étant sujette à être extérieurement morte, desséchée, & couverte de mousse, on a soin de la peler grossiérement avec un couteau ou un marteau tranchant, dont on la frappe pour en lever les parties noires & grossieres qui recouvrent la partie rouge & active de l'écorce.

Il y a des Tanneurs qui ont chez eux le moulin qui sert à battre leur écorce : on peut en construire un en Province pour deux cents livres ; mais il coûtera toujours cinq à six cents livres d'entretien pour l'homme qui en a soin & pour le cheval qu'on y emploie. Comme on ne donne que huit sols au Meûnier pour un sac de cent vingt ou cent trente livres, ce qui fait quatre livres par millier, il faudroit avoir plus de cent cinquante milliers d'écorce à moudre pour être indemnisé des frais du moulin.

L'écorce réduite en poudre ne doit pas se garder long-temps ; elle perd de sa force par l'évaporation qui en enleve les parties balsamiques, & par l'humidité de l'air, qui en dissoud les parties actives & salines qui doivent pénétrer le Cuir, & produire un bon tannage.

DES DIFFÉRENTES MATIERES
qui servent à tanner.

61. LA qualité deſſicative & aſtringente de l'écorce de chêne, ſe trouve dans beaucoup d'autres plantes ; & quoique l'écorce de chêne me paroiſſe tout à la fois la plus commune & la meilleure, je ne puis me diſpenſer de dire quelque choſe des autres matieres qu'on peut y ſubſtituer.

J'ai oui dire qu'à la Martinique on tannoit un Cuir en ſix ſemaines de temps avec le *Mangle*.

Une partie des Tartares Calmouks, qui habitent près de la grande muraille de la Chine, emploient, pour tanner les peaux de leurs Chevraux, le lait de leurs Juments aigri.

Dans pluſieurs endroits de Turquie, auſſi-bien que chez nous, la noix de galle ſert à tanner le maroquin, comme je le dirai en décrivant l'Art du Maroquinier.

En Perſe, en Egypte, & dans quelques Etats ſitués ſur les frontieres de l'Afrique, on tanne les peaux de Bouc & de Chevre avec le fruit aſtringent d'un arbriſſeau légumineux, qui eſt *l'Acacia-vera*, cueilli avant ſa maturité.

62. Les noix encore vertes du térébinthe, & ſuivant quelques-uns, les feuilles mêmes, auſſi-bien que celles du lentiſque, s'emploient au Levant. Le *Sumac* ou *Rhus*, appellé auſſi *Smak*, dont on roule les feuilles & les jeunes branches, s'emploie par-tout pour le Cuir appellé *Cordouan* : on ſe ſert auſſi de l'arbouſier ou *Arbutus*, du micocoulier ou *Celtis*.

Le *Tamariſcus*, le *Rhamnus*, le *Rhus myrtifolia*, s'emploient en pluſieurs Provinces d'Italie & d'Eſpagne ; nous en parlerons bientôt. En Suede, on ſe ſert de l'écorce d'une des moindres eſpeces de ſaule de montagne, auſſi-bien que de la plante appellée *Uva urſi*.

63. En Siléſie, on prend une eſpece de myrtille, appellée *Rauſch*. L'écorce de bouleau eſt employée au défaut de chêne en diverſes Provinces d'Allemagne. En Suede, on emploie un autre arbuſte appellé Buxerolle, en latin, *Arbutus uva urſi*. A Vienne en Autriche, & dans la Hongrie, on ne tanne point avec l'écorce de chêne, mais avec une drogue que j'ai oui appeller *Knoupren*, & que je crois être la noix de galle. Cela va beaucoup plus vîte ; le tannage dure neuf mois au plus : il faut beaucoup moins de cette ſubſtance dans une foſſe ; on en répand ſeulement un peu avec les mains ſur chaque Cuir. On tanneroit une Vache en vingt-quatre heures ſuivant cette méthode.

Je ne ſai point avec quoi les Chinois préparent leurs Cuirs ; mais ces Cuirs paſſent pour être d'une force incroyable.

64. Lorſque les Tanneurs de Provence & de Languedoc ſe trouvent

preſſés de vendre leur Cuir, n'ayant pas le temps de le nourrir avec du tan d'ieuze ou de chêne verd (66), ils y mêlent de la poudre de *Redoul*; elle donne au Cuir une fermeté qui en impoſe aux acheteurs : cette plante eſt appellée dans Bauhin, *Rhus myrtifolia monſpeliaca*; & dans M. Linnæus, *Coriaria* (myrtifolia) *foliis ovato-oblongis trinerviis*, pag. 1037 : elle s'appelle auſſi *Roudou* : elle eſt décrite dans les Mémoires de l'Académie pour 1711. Les baies de cette plante cauſent aux hommes une épilepſie aiguë & même mortelle : ſes feuilles cauſent aux chevreaux qui la broutent, un vertige violent; mais elles ne font aucun mal dans les tanneries, & elles coûtent beaucoup moins que l'écorce d'ieuſe. La poudre des branches & des tiges de redoul, ſert à tanner les Baſanes ou Cuirs de Moutons, & les peaux de Chevre pour les empeignes.

65. La plante qu'on appelle en Provence & en Guienne, *Garouille*; à Montpellier, *Avaüſſes*; à Uzès, *Avau*; a été décrite par M. Niſſolle, à l'occaſion du *Kermès*, qui naît ſur cet arbuſte : voici ſes dénominations dans les livres de Botanique : *Quercus* (coccifera) *foliis ovatis indiviſis ſpinoſo-dentatis glabris*, Linnæi Specierum, p. 995. *Ilex aculeata cocciglandifera*, C. Bauhini Pin. pag. 425. *Quercus foliis ovatis dentato-ſpinoſis, glandibus ſeſſilibus*, ſuivant M. *de Sauvages*, pag. 96.

Le Kermès qui rend cet arbuſte fort remarquable, eſt une excroiſſance occaſionnée par des œufs d'inſectes : il y en a une ample deſcription donnée dans les Mémoires de l'Académie pour 1714, par M. Niſſolle. Il s'appelle en latin *Coccus ilicis* : on prépare par ſon moyen le ſyrop de Kermès & la confection Alkermès.

C'eſt l'écorce des racines de garouille qu'on emploie dans les tanneries, au lieu que c'eſt l'écorce de l'arbre même quand il s'agit du ruſque ordinaire ou du tan. La garouille rend le Cuir noir, au lieu que le tan fait un Cuir roux.

A Beaucaire, & dans la plus grande partie de la Provence, les Tanneurs emploient, au lieu de chêne-verd, cette racine de *garouille*, dont l'écorce s'appelle *Ruſque*; l'effet en eſt beaucoup plus ardent & rend les Cuirs plus noirs; auſſi les Cuirs ne reſtent que ſix mois dans cette écorce, quoique le travail paſſe pour en être auſſi bon que celui dans lequel on emploie le chêne verd; auſſi cette plante coûte beaucoup plus que le tan ordinaire.

Dans les Diocèſes d'Alet, Limoux, Caſtres, Mirepoix & Toulouſe, les Tanneurs ſe ſervent, comme à Beaucaire de racine de garouille, & y laiſſent les Cuirs pendant huit ou neuf mois : peut-être veulent-ils les rendre plus ſecs & plus fermes; peut-être leur racine eſt-elle moins ardente, étant produite par un terrein plus humide dans un climat plus tempéré. On avoit propoſé de défendre la racine de garouille & de ruau, comme étant trop ardente; mais il eût été trop difficile d'y ſuppléer.

66. On emploie dans beaucoup de Provinces de France le chêne verd, il y a deux efpeces d'*ieuze* ou de chêne verd, qu'on emploie indiftinctement à Montpellier pour tanner le Cuir à œuvre, ou celui qui fert à faire des empeignes.

I. *Quercus* (Smilax) *foliis oblongo-ovatis ; fubtùs tomentofis integerrimis,* Linnæi Specierum. *Ilex folio angufto non ferrato*, Cafpari Bauhini. Eüze, chêne verd, icufe.

II. *Quercus* (Ilex) *foliis ovato-oblongis indivifis ferratifque, cortice integro.* Linnæi Specierum.

Cette écorce fe met en poudre par le moyen d'une meule qui tourne dans un plan vertical, ou fur un pivot horizontal, autour d'un autre pivot vertical ; on l'emploie pure & fans mélange : elle fait un objet de commerce affez confidérable dans les environs de Montpellier, & fur-tout dans les Cevenes : elle fe vend cinquante fous à trois livres le quintal. A Alais, on laiffe les Cuirs forts pendant un an dans cette écorce, comme dans celle des chênes ordinaires, au lieu que les empeignes n'y reftent que deux mois.

67. Dans la nouvelle Manufacture dont M. Desbilletes parloit en 1708, au lieu de l'écorce de chêne, on avoit pris les fommités ou menus bouts des rameaux de chênes, ou les petits chênaux de trois à quatre ans feulement, parce qu'on y trouvoit plus de fuc que dans l'écorce : on les recueilloit un peu avant que les feuilles commençaffent à poufler, c'eft-à-dire, au mois d'Avril, ou un peu plutôt, fuivant l'état de la faifon.

On y employoit auffi une autre liqueur préparante, faite avec des oranges & des limons, ou l'un des deux, qu'on prenoit, quoique pourris, avec la pulpe & l'écorce, moulus comme les autres ingrédients, foit enfemble ou féparément : cette addition rendoit les Cuirs meilleurs & plutôt tannés : on les y laiffoit pendant huit jours, en les remuant fort fouvent, avant de les mettre au tannage.

On fe fervoit auffi de plufieurs autres plantes ; & M. Desbilletes obferve que quand elles font cueillies, fi l'on n'a pas le temps de les fécher au foleil, on peut les faire fécher au four, puis les moudre comme le tan ; fans cela il y refteroit une humeur vifqueufe qui pourroit noircir le Cuir.

Il ajoute que comme ces plantes n'ont pas autant de force que le tan ordinaire, il faut les mettre en plus grande quantité quand on fait les eaux dont il s'agit ; mais il affure que par leur moyen on fait toujours le plus beau & le meilleur Cuir.

68. On peut auffi tanner les peaux de Vaches & de Veaux avec la liqueur faite de toutes fortes de bruyeres, ronces, épines noires, pruniers fauvages, épine-vinette, berberies, qu'on coupe, qu'on fait fécher & moudre : cette liqueur (dit M. Desbilletes) tanne les peaux fans les corroder : enfin il ajoute qu'on peut faire amaffer des gratte-cus (*cynorrhodon*), qui lorfqu'ils font mûrs,

font

font excellents pour cela , & finir enfin avec le Sumac ; mais il me femble qu'il feroit bien difficile d'avoir ces ingrédients en affez grande quantité.

69. M. Desbilletes écrivoit auffi en 1708 , que pour durcir les Cuirs , on prenoit de la poudre de *Raphanus marinus ,* ou bien de la noix de galle , & l'on en parfemoit les deux côtés du Cuir quand il étoit environ un quart tanné ; quatre heures après on le remettoit dans la foffe : on faifoit enfuite une feconde fois la même opération avant que le Cuir fût entiérement tanné , fuppofé qu'il ne fût pas affez ferme & affez uni : c'eft de cette maniere , dit-il , que fe fait le meilleur Cuir & le plus beau.

M. de Buffon a reconnu qu'on pouvoit tanner auffi avec des cupules de gland , & même avec de la fciure de bois : les Obfervations de ce célebre Académicien fur les forêts & fur tout ce qui en dépend , fe trouvent dans plufieurs volumes de nos Mémoires.

70. On a dit fouvent qu'il étoit à craindre de voir enfin manquer les bois en Europe , à caufe de l'étonnante deftruction qu'on ne ceffe d'en faire pour les bâtiments , pour le chauffage , & pour les Arts : il y a déja des endroits où il eft fi cher , qu'on ne le brûle que par poids & par mefure ; où n'ofant l'employer à faire des tonneaux & des caiffes , on préfere d'envelopper les marchandifes dans des peaux , dans des joncs ; où l'on n'oferoit enfin tenter l'établiffement des Manufactures les plus utiles à l'Etat , parce que le feu , cet agent univerfel & indifpenfable de prefque tous les Arts , exige une trop grande abondance de bois. Il pourroit venir un temps où des Nations même policées retomberoient dans l'ancien état de pauvreté & d'ignorance , par la difette du bois , qui entraîneroit la perte des Arts utiles.

71. M. *Gleditfch ,* Botanifte célebre de l'Académie Royale des Sciences de Berlin , a formé , comme bien d'autres Naturaliftes , le projet d'épargner à l'Allemagne la confommation fuperflue du bois de chêne ; & dans les Mémoires de Berlin pour 1754 , il donne des inftructions fur les plantes qui pourroient s'employer dans les Tanneries , à la place de l'écorce de chêne. Ce fut fur les idées de M. Klein , natif de Nauen , homme laborieux & habile , qu'il fit des expériences : elles réuffirent très-bien , & il regarda les idées de M. Klein comme une véritable découverte. On vit des Cuirs préparés & tannés fans aucune efpece d'arbre , ni drogues étrangeres ; du trèsbeau Cordouan préparé fans le fecours du Sumac , & deux fortes de Cuirs de Veau , tannés avec de fimples feuilles d'arbres.

M. Klein & M. Gleditfch ont employé des plantes qui fe trouvent dans prefque tous les lieux profonds & marécageux , des plantes dont les beftiaux ne font aucun cas , & qui ne fervent prefque qu'à gâter les bonnes prairies , ou des plantes qui ne fe trouvent que dans des lieux abandonnés.

72. Les principes auxquels on doit faire le plus d'attention dans la recherche de ces plantes , font les principes terreftres , réfineux , gommeux ; & il y

en a d'autres auſſi qui ont des principes huileux & vaporeux ; auſſi M. Gleditſch les diſtingue en deux claſſes.

La premiere claſſe eſt celle des plantes aſtringentes, acres, ſans odeur, qui fourniſſent des principes actifs, mais fixes : la partie terreuſe en fait un tiers, & même une moitié ; le principe gommeux, environ autant ; la partie réſineuſe eſt la moindre de toutes, n'allant pas à une dragme par livre.

73. La ſeconde claſſe eſt celle des plantes qui ont des parties volatiles, un principe ſpiritueux, & une portion balſamique & unguineuſe ; il y a moins de parties fixes : mais de toutes ces plantes, les meilleures pour la tannerie ſont celles qui ont le plus de ſubſtance groſſiere, aſtringente & acide : les moins bonnes ſont les plantes graſſes & mucilagineuſes.

74. Quand on détruit au feu la ſubſtance fixe des plantes coriaires, on obtient un phlegme pellucide & empyreumatique non aſtringent, une liqueur acide, jaunâtre, & une huile empyreumatique. Le *Caput mortuum* fait ſouvent la moitié du total, & contient quelque portion de Sel alkali fixe. Les plantes bonnes à tanner étant réduites en poudre & jettées dans une ſolution de vitriol de Mars, doivent produire une couleur rougeâtre, bleue, ou noirâtre.

L'expoſition de ces principes contenus dans les plantes coriaires, conduit M. Gleditſch à l'explication des effets qu'elles produiſent ſur le Cuir. L'acide diſſous & étendu dans l'eau, dont on humecte les plantes, mêlé & mis en mouvement avec des parties volatiles, huileuſes & balſamiques, pénetre & condenſe le Cuir, lui donne de la force, & le préſerve de la corruption.

L'uſage des plantes communes auroit l'avantage de ne pas exiger l'appareil des moulins à tan, ces plantes n'ayant beſoin que d'être groſſiérement coupées ou pilées ; mais il faut convenir, ce me ſemble, que de toute cette multitude de plantes qui peuvent tanner, il n'en eſt point encore d'auſſi ſûre & d'auſſi éprouvée que l'écorce de chêne : je ne ſai s'il y en a beaucoup qu'on puiſſe avoir en plus grande abondance ; quoi qu'il en ſoit, je vais les rapporter d'après M. Gleditſch.

75. *Plantes dont les feuilles, les branches, les fruits, les ſemences, & quelquefois les racines, peuvent s'employer dans la Tannerie.*

Les branches de Vigne.

Prunus ſylveſtris, C. B. Pin. 444, Prunier ſauvage, épineux : on prendra l'écorce & le fruit avant qu'il ſoit mûr.

Salix vulgaris alba, le Saule : on emploie les branches & les feuilles.

Salix caprea rotundifolia Tabernæ, Saule aquatique : on emploie les feuilles, l'écorce & les branches.

Sorbus aucuparia, J. B. I. 62, Sorbier : on prendra les branches, les feuilles & les fruits avant qu'ils ſoient mûrs.

Les feuilles de Rosier.

Fagus, Dod. Pempt. 832 , Hêtre, Fouteau ; les feuilles & l'écorce.

Carpinus, Dod. Pempt. 841 , Charme ; les branches , les feuilles, l'écorce.
Les feuilles de Chêne.

Les feuilles d'Aune.

Mespilus, le Nefflier sauvage ; les feuilles, les branches, les fruits avant qu'ils soient mûrs.

Ledum rosmarini folio, Tabernæ, *Rosmarinum sylvestre*, Matthioli, Romarin sauvage ; les branches. Cette plante n'est pas assez commune.

Cornus sylvestris mas , C. B. Pin. 447, Cornouiller sauvage ; les feuilles , les branches & les semences qui ressemblent à des osselets ; mais elles auroient besoin d'être pilées.

Acetosa pratensis , C. B. Pin. 114 , l'Oseille : sa racine & sa semence peuvent s'employer.

Lapathum maximum aquaticum Chabræi historiæ 309 , grande Patience aquatique ; les feuilles , la racine, les semences.

Lapathum folio acuto plano , C. B. Pin. 115 , Patience ; la racine, les feuilles , les semences.

Iris palustris lutea , seu acorus adulterinus , C. B. Pin. 34 , Flambe aquatique ; la racine.

Nymphæa lutea, Nénuphar, & *nymphæa alba*, Nénuphar ou Lys des étangs, C. B. Pin. 193 ; la racine seulement.

Les écorces de Châtaignier , de Peuplier , de Noisettier pourroient également s'employer.

76. *Plantes dont les fleurs seulement ; ou les feuilles avec les fleurs , peuvent être utiles dans les Tanneries.*

Salicaria vulgaris purpurea foliis oblongis Tournefortii Institutionum 253 ; Lysimachia spicata purpurea fortè Plinio , Caspari Bauhini in Pinace , pag. 246 , Salicaire.

Ulmaria , Clusii historiæ , 198. Joannis Bauhini , III , 488 , Reine des prés.

Quinquefolium palustre rubrum , C. B. Pin. 326 , *comarum Linnæi ,* Quintefeuille aquatique rouge.

Filix ramosa major pinnulis obtusis non dentatis , C. B. Pin. Fougere femelle.

Filix non ramosa dentata , C. B. Pin. 358 , Fougere mâle.

Filix palustris maxima , C. B. Prodromi 150 , grande Fougere aquatique , Osmunde.

Filix mas aculeata major & minor , C. B. Prodr. 151.

Perficaria falicis folio potamogeton angustifolium dicta, Raii hist. 184, *Perficaria acida Jungermanni*, Perficaire d'eau ; elle vient dans l'eau & hors de l'eau, mais fous des formes un peu différentes.

Bistorta major radice intorta, C. B. Pin. 192, Bistorte.

Tormentilla sylvestris, C. B. Pin. 326, Tormentille.

Pimpinella fanguiforba major, C. B. Pin. 160, grande Pimprenelle fauvage des prés.

Cariophyllata vulgaris, C. B. Pin. 321, Benoite.

Cariophyllata aquatica nutante flore, C. B. Pin. 321, Benoite aquatique.

Argentina, Dodonæi Pempt. 600. *Potentilla Joannis Bauhini II*, 398, & C. B. 321. *Anferina officinarum*, Argentine.

Quinquefolium majus repens, C. B. Pin. 325, Quintefeuille des boutiques.

Quinquefolium minus repens luteum, C. B. Pin. 325, petite Quintefeuille fauvage.

Quinquefolium folio argenteo, C, B. Pin. 325, Quintefeuille blanche.

Horminum pratenfe foliis ferratis, C. B. 238, *Sclarea Tabernæ montani*, Orvale.

Agrimonia, Aigremoine.

Equifetum arvenfe longioribus fetis, C. B. Pin. 16, Prefle, ou Queue de Cheval.

Equifetum paluftre longioribus fetis, C. B. Pin. 15, Queue de Cheval aquatique.

Alchimilla vulgaris, C. B. Pin. 319, Pied de Lion.

Mufcus pulmonarius five pulmonaria officinarum Lobelii iconum, p. 248, *Mufcus quernus*, Pulmonaire de chêne.

Lyfimachia lutea major quæ Diofcoridis, C. B. Pin. 245, Lyfimachie.

Vaccinium Rivini, *Vitis idæa foliis oblongis crenatis fructu nigricante*, C. B. Pin. 470, Airelle ou Myrtille.

Vaccinium foliis buxi, *femper virens*, *baccis rubris*, Rupp. *Floræ Gen.* p. 52, Airelle toujours verte.

Rubus vulgaris feu fructu nigro, C. B. Pin. 479, la grande Ronce.

Rubus repens fructu cæfio, C. B. Pin. 479, petite Ronce.

Fragaria vulgaris, le Fraifier.

Filipendula, J. B. II, 189, la Filipendule.

Pervinca Tragi & Tournefortii. Clematis daphnoides, C. B. la Pervanche.

Sparganium, C. B. Pin. 115, Ruban d'eau.

Filago, *feu impia*, Dodonæi, Pempt. 66, Herbe à coton.

Gnaphalium montanum flore rotundiore & longiore, Tournefortii *Inftitutionum* 453, Pied de chat.

Geranium fanguineum maximo flore, C. B. Pin. 319, Bec de grue à grande fleur.

Geranium

Geranium batrachioides maximum minus laciniatum folio aconiti, J. B.
III. 477, *Gratia Dei Germanorum*, Bec de grue de montagne.
Plantago, le Plantain : toutes les efpeces en font bonnes.
Hypericum officinarum, & C. B. Pin. 279, le Millepertuis *.

Maniere de coucher les Cuirs en Foffe.

77. Les Fosses font des creux pratiqués dans la terre, & dans lefquels on étend les Cuirs avec le tan : on voit en *D* dans la Planche I, une foffe fur laquelle un Ouvrier répand la poudre de tan, après y avoir étendu les Cuirs. Ces foffes font rondes ou quarrées, en bois ou en maçonnerie : l'ufage le plus ordinaire étoit autrefois de les revêtir en bois, & de leur donner la forme quarrée, qui fembloit plus proportionnée à la figure des Cuirs ; aujourd'hui on les fait plus fouvent de forme ronde, comme des cuves, compofées de même avec du mairain & des cerceaux (voyez l'Art du Tonnelier par M. de Fougeroux) : il y en a qui obfervent de les renverfer, de maniere que le bas foit plus large que le haut : on y trouve, difent-ils, l'avantage de pouvoir preffer beaucoup mieux la terre tout autour en dehors, ce qui fortifie l'affemblage des douves ; d'un autre côté, l'humidité dont on eft obligé d'abreuver les Cuirs féjourne moins fur les douves, & elles fe pourriffent plus lentement ; mais peut-être que l'humidité dont les Cuirs ont befoin pour fe bien tanner (95) fera moins confidérable dans ces fortes de foffes.

Avant de mettre les Cuirs en foffe, certains Tanneurs arrofent avec de l'eau, & démêlent leur écorce avec une pele, pour n'être pas étouffés par la pouffiere du tan : il y en a qui fe paffent de cette opération ; & la poudre ne fe divife que mieux en ne la mouillant point.

Les Cuirs, après avoir été plamés, écharnés, travaillés de riviere, & ré-coulés, peuvent être *couchés en foffe*, c'eft-à-dire, dans l'écorce qui doit les raffermir & les tanner.

Dans certaines Provinces, comme l'Auvergne, on coupe les Cuirs en trois parties avant de les coucher en foffe : la partie du milieu ou la bande du dos eft large d'environ un pied : d'autres les coupent en deux parties égales.

78. On poudre d'abord les Cuirs avec du tan, & on les met en pile pendant trois ou quatre heures, pour qu'ils commencent à prendre le feu d'écorce avant d'être couchés en foffe.

79. On met au fond de la foffe un bon demi-pied de *tannée*, c'eft-à-dire, de l'écorce qui a déja fervi en foffe : fur cette tannée, on étend l'épaiffeur d'un

---

* Voyez les Mémoires de l'Académie de Berlin pour 1754, pag. 124.

pouce d'écorce neuve bien moulue & un peu humectée, afin qu'elle ne se volatilise point : sur cette poudre, on étend un Cuir ; sur celui-ci, une autre couche de poudre, & ainsi de suite.

80. Dans certains endroits on coupe les têtes, les châtaignes, c'est-à-dire, le front ; pour coucher ces parties séparément, & leur donner plus d'écorce à cause de leur épaisseur : il y a des Tanneurs qui échancrent quelquefois en travers chaque moitié de Cuir, pour la pouvoir mieux appliquer sur l'écorce : les extrémités des Cuirs qui font des poches ou des plis, doivent être fendues pour qu'elles puissent s'étendre : on met de l'écorce entre toutes les parties de chaque Cuir ; & quand on est obligé d'en redoubler ou reborder quelques endroits, on met encore de l'écorce dans la duplicature ; on en met un peu plus sur les parties les plus épaisses, comme les joues : les endroits les plus minces, tels que les pates & la culée, en exigent moins ; il suffit dans ces derniers qu'il y ait l'épaisseur d'un doigt. Au reste on doit distinguer les trois poudres (85) quant à l'épaisseur ou à la quantité d'écorce : la premiere, mise en fosse, se couche sur l'épaisseur d'un grand pouce ; la seconde, d'un pouce seulement ; la troisieme, un peu moins.

81. Il y a des Tanneurs qui prétendent que le tannage ne doit point se faire en poudre fine, mais en gros ou *greau*, comme disent quelques-uns, qui soit au-dessus de la poudre pour la premiere écorce ; la seconde, un peu plus grosse ; la troisieme, encore davantage : il me semble que tout l'avantage qu'ils y trouvent est de faire moins de dépense ; car plus l'écorce est fine, plus on en consume ; plus elle pénetre les Cuirs, plus elle s'appauvrit, & plus les Cuirs en profitent ; ainsi je crois que cette pratique devroit être proscrite.

A Bâle, on tanne avec de l'écorce beaucoup plus grosse qu'en France, & dans des fosses plus humides. En Angleterre, on tanne dans l'eau même, comme nous le dirons bientôt (95) ; mais il ne s'agit ici que de la méthode employée en France le plus généralement.

82. Lorsqu'il se trouve dans une fosse des places vuides & qui ne font pas occupées par des Cuirs, on peut les remplir avec de la tannée ou de la vieille écorce, pour épargner la nouvelle ; mais afin qu'il y ait moins de vuide, on croise les Cuirs : lorsqu'on a mis deux moitiés dans un sens, on en met deux dans le sens perpendiculaire, & ensuite une moitié qui croise les autres. A chaque Cuir que l'on couche, on a soin de le presser fortement avec les pieds pour le bien appliquer sur l'écorce : plus on serre l'assemblage, plus l'écorce aura de facilité à pénétrer les Cuirs.

83. Une fosse de quinze à seize Cuirs exige environ deux heures de temps pour être remplie de la maniere que je viens de l'expliquer. Quand tout l'habillage est ainsi couché en fosse, on met au-dessus de l'écorce neuve qui couvre le dernier Cuir un ou deux pieds de tannée, que l'on foule avec

les pieds pour faire un *chapeau* : on étend des planches fur cette tannée , &
fouvent on les charge encore avec des pierres pour mieux appliquer l'écorce
fur les Cuirs qu'elle doit pénétrer.

84. Quand on a mis le chapeau , on abreuve la foffe d'eau claire ; on en
verfe fuffifamment, pour que dans l'efpace d'une journée elle ne foit pas
totalement enbue , & qu'il en paroiffe encore le lendemain fur la furface :
il faut un feau d'eau , qui contiendra trois pieds-cubes ou environ cent pintes
de Paris pour deux Cuirs. On ne fe contente pas dans certains endroits
d'avoir abreuvé une fois ; mais on a foin de tenir les foffes toujours abreuvées , & on les fonde de temps en temps pour favoir fi elles ne font point
trop feches.

85. Les Cuirs tannent en foffe à trois écorces , que l'on donne à-peu-près
de la même maniere , mais avec quelques différences qu'il eft néceffaire
d'indiquer,

La premiere écorce s'emploie par fleur ; elle doit être fine , afin qu'elle
ne boffelle pas le Cuir , qu'elle ne lui donne pas de faux plis : cette premiere
écorce dure trois mois.

La feconde écorce fe donne par chair , moins fine que la premiere , & fe
change au bout de quatre mois : on peut faire durer cette feconde poudre
plus long-temps ; il n'y a que de l'avantage ; les Cuirs y font *tannés à cœur* ,
c'eft-à-dire , jufques dans l'intérieur.

La troifieme écorce fe donne fur fleur ; on emploie de la poudre plus
groffiere que dans la feconde : on ne leve cette derniere écorce qu'au bout
de cinq mois , ce qui termine l'année , au bout de laquelle le tannage doit
avoir produit tout fon effet. Quelquefois on donne pour plus grande perfection une quatrieme écorce , & alors on peut y laiffer les Cuirs plus long-
temps fi l'on veut.

A chaque fois que l'on change de poudre , on ballaye chaque Cuir ; on
le bat ; on le fecoue , pour que la vieille écorce n'empêche point la nouvelle de jetter fon feu dans le Cuir.

86. Dans des Fabriques très-confidérables on peut , à caufe de la grande
quantité de Cuirs , combler fes foffes de Cuirs du même degré , enforte
qu'on faffe une foffe entiere de premiere poudre , une foffe entiere de feconde
poudre , &c. Mais cela eft impoffible chez le Fabriquant ordinaire qui n'a
pas autant de Cuirs à tanner ; il eft obligé de mettre dans une même foffe
des Cuirs de premiere , de feconde & de troifieme poudre ; il a feulement
l'attention de mettre au fond ceux du dernier degré qui font les plus avancés de tannerie , & les autres de fuite , jufqu'à ceux de premiere poudre
qui occupent le haut ou la furface de la foffe , & qui font réfervés pour
defcendre enfuite à leur tour.

Mais comme l'eau dont on abreuve le tan , fe précipite toujours vers le bas de la foſſe, & y entraîne la partie la plus active du tan, c'eſt en bas que la préparation des Cuirs avance toujours le plus ; & c'eſt pour cela que lorſque dans une foſſe où tous les Cuirs ſont de premiere poudre, on veut coucher en ſeconde poudre, on met au fond les Cuirs qui auparavant étoient à la ſurface, pour qu'ils aient le même avantage qu'ont eu les précédents.

87. Cette humidité ſi eſſentielle dans les foſſes, & qu'on devroit encore augmenter (95), ſe trouve au contraire manquer de temps en temps, lorſ-qu'il arrive qu'une foſſe mal revêtue laiſſe échapper l'eau ; les Cuirs reſtent alors preſque à ſec, & ils réuſſiſſent fort mal ; auſſi convient-on généralement qu'il eſt très-important qu'une foſſe ne ſuie pas ; c'eſt pourquoi quelques Tanneurs ont ſoin de les abreuver & de les ſonder (84.)

On eſt perſuadé en France qu'il ne faut pas ouvrir les foſſes ſans néceſſité ; que le contact de l'air, le ſoleil, la gelée, l'orage, troublent l'opération du tan, & qu'il faut la laiſſer finir ſans l'interrompre : je ne penſe pas que cette attention ſoit fort utile.

88. La quantité d'écorce varie beaucoup, ſuivant la qualité qu'elle a en différents pays : les Mémoires que nous avons eus du Languedoc demandent quatre fois le poids des Cuirs, c'eſt-à-dire, deux cents livres d'écorce pour un Cuir qui doit peſer cinquante livres : c'eſt un peu plus qu'aux environs de Paris.

A Sedan, les trois poudres ſont de quatre-vingt-cinq, ſoixante & quinze, & ſoixante-cinq livres, ou deux cents vingt-cinq en tout, pour un Cuir qui auroit peſé cent livres à la raie, & cinquante livres ſec à l'oreille.

Dans la Province de Breſſe, où les Cuirs de Bœuf finis & prêts à vendre, ne peſent qu'environ vingt-trois livres l'un portant l'autre, on ne met gueres que trente ou quarante livres d'écorce en premiere poudre pour chaque Cuir ; les autres à proportion.

89. Les Cuirs à l'orge exigent ordinairement un peu plus d'écorce que les Cuirs à la chaux ; cela peut aller à un cinquieme de plus. Pour un Cuir paſſé, c'eſt-à-dire, préparé à l'orge, & qui a peſé en poil cent livres, on met à Sedan quatre-vingt-cinq livres d'écorce pour la premiere fois ; ſoixante & quinze pour la ſeconde, & ſoixante-cinq pour la derniere écorce ; comme nous l'avons déja remarqué : cependant il y a des Tanneurs qui diſent que les Cuirs à la chaux exigent une quatrieme poudre, c'eſt-à-dire, trois ou quatre mois de plus en foſſe que les Cuirs à l'orge : cela vient probable-ment de ce que les paſſements rouges qu'on donne aux Cuirs à l'orge (165) commencent plutôt à les diſpoſer & à les imprégner des parties ſalines du tan.

90. Dans les Tanneries où l'on fait du Cuir à la juſée (190), la premiere écorce eſt moulue très-fine, parce qu'elle n'eſt pas deſtinée à ſervir au-delà de la foſſe : les deux autres poudres qui, au ſortir de la foſſe, doivent ſervir à faire des

eaux

eaux de tan pour les paſſements (199), ſont moulues rondement & en gros; ce n'eſt pas que l'on ne pût tanner encore mieux, en employant toujours de l'écorce également fine. On le fait véritablement lorſqu'on a des eaux de tan ſuffiſamment, pour pouvoir ſe paſſer de celles qui ſortent de la foſſe; mais lorſqu'on en a beſoin pour les paſſements, il faut qu'elle ſoit plus groſſe, ſans quoi elle n'auroit plus d'activité, de ſubſtance, & de diſpoſition à fermenter lorſqu'elle auroit tanné; elle auroit jetté dans le Cuir tous ces ſels & toutes ces parties végétales qui ſont néceſſaires pour la fermentation; car une matiere purement terreuſe ne fermenteroit point, n'ayant pas des principes qui puiſſent ſe combiner différemment, comme cela eſt néceſſaire pour la fermentation.

91. J'ai dit ci-deſſus (85) que lorſqu'on ne fait durer le tannage qu'un an, on obſerve que le premier couchage ou la *premiere poudre* ſoit de trois mois; la ſeconde poudre, de quatre mois; la troiſieme, de cinq mois. L'expérience a appris que les Cuirs ſe trouvent beaucoup mieux d'un long ſéjour dans la derniere écorce que dans la premiere : la raiſon en eſt aſſez naturelle; un Cuir nouvellement couché pompe avidement & promptement la ſubſtance nourriciere de cette écorce; & lorſqu'elle eſt ainſi privée de ſes parties actives, le long ſéjour qu'on lui laiſſeroit faire ſur les Cuirs n'ajouteroit rien à leur qualité; au contraire, la derniere poudre trouvant un Cuir déja tanné, plus compact & plus dur, a beſoin d'un temps conſidérable pour jetter ſon feu, & pour ſe dépouiller de tous ſes ſels; d'ailleurs le Cuir ne peut pas ſe gâter dans cet état, mais il pourroit péricliter dans la premiere écorce où il n'eſt pas encore aſſez tanné, pour être à l'abri de la corruption ou de la fermentation des parties animales.

92. Par les articles 1349 & ſuivants des anciennes Ordonnances du Comté de Bourgogne, il eſt ordonné que les Cuirs de Bœufs ſeront couchés de trois écorces, chacune de trois mois, pour rendre les Cuirs bien tannés : que les Cuirs de Vache ſeront couchés de deux écorces, tant prime que forte, la premiere de trois mois, & la ſeconde de quatre : que les peaux de Veau ſeront tannées de couche & non d'eſquille : cela fait voir l'ancienneté de la méthode dont il s'agit ici.

93. En Auvergne, on donne trois écorces de quatre, cinq & huit mois. Dans certains endroits du Languedoc, on ne donne que deux écorces, chacune de ſix lignes d'épaiſſeur, & qui durent dix mois ou un an. Dans la Champagne, le tannage dure quinze ou dix-huit mois; mais il y a des endroits où l'on abrege conſidérablement : j'ai ouï dire qu'à Saint-Angel en Limouſin, il y avoit des Tanneurs qui ne donnoient que deux mois de foſſe : ce ſeroit un abus digne d'être réprimé par la vigilance des Magiſtrats, & auquel les Ordonnances ont pourvu.

94. Après les trois écorces ordinaires, il y a des Cuirs qui en exigent

néceffairement une quatrieme de quarante livres, pour trois mois : ce font les Cuirs ingrats de leur nature, fecs, appauvris, ou ceux qui auroient été manqués en paffement. Il y a des Cuirs *veules*, c'eft-à-dire, minces, auxquels on donne un peu moins d'écorce qu'aux autres, parce qu'ils n'ont pas autant de parties à nourrir.

Quand les Cuirs manquent d'épaiffeur & de fermeté après les deux premieres poudres, on tâche d'y remédier en répandant avec la derniere écorce une demi-livre ou trois quarterons de poudre d'alun, répartie fur toute la foffe : c'étoit un des fecrets de M. Teybert ; & fi cette matiere étoit affez commune, ce feroit un avantage confidérable pour les Tanneries.

Méthode des Anglois pour le Tannage.

95. Les foffes dont on fe fert à Londres font auffi revêtues de bois, & même avec affez de foin, pour ne pas laiffer écouler l'eau dont elles font toujours pleines : on y met d'abord deux corbeilles de tan, qui font environ dix-huit boiffeaux de Paris, & cela pour une foffe de quinze à feize Cuirs ; mais on y revient à plufieurs reprifes.

On met d'abord les Cuirs dans une foffe prefque épuifée, où ils reftent un mois ; enfuite dans une feconde, une troifieme & une quatrieme : ils reftent trois mois dans celles-ci : enfin dans une cinquieme foffe, où ils reftent un mois fans les remuer : il y a des puifards à côté de chaque foffe pour former les premiers jus, & rejetter fur les Cuirs toute l'eau qui s'y filtre (100).

Dans la feconde, la troifieme & la quatrieme foffe, on retire les Cuirs tous les huit jours, & on les rejette enfuite, après y avoir ajouté deux corbeilles ou dix-huit boiffeaux d'écorce très-fine, que l'on répartit & que l'on diftribue entre les Cuirs, fans cependant les plier ni les ranger, mais en les jettant au hazard dans l'eau, avec de l'écorce par-deffus.

96. Le total de ces opérations ne dure à Londres qu'une année au plus : s'il y a des Cuirs plus difficiles à tanner, on les laiffe plus long-temps ; mais on m'a affuré que cela ne va prefque jamais à dix-huit mois ou deux ans, quoiqu'on foit perfuadé en France que les Tanneurs Anglois y employent beaucoup plus de temps (98).

Pour qu'un feul homme puiffe gouverner aifément un grand nombre de foffes, qui contiennent chacune vingt, trente, quarante Cuirs, plus ou moins, on marque fur des bâtons la date du jour où on les a mis en foffe, & le nombre de ceux qui y font ; on met enfuite ce bâton dans la foffe, où on le prend pour le confulter dans le befoin.

97. Cette méthode Angloife de tanner dans l'eau d'écorce (& non pas dans une écorce prefque feche, comme on le fait en France), eft peut-être

la source de l'avantage considérable que les Cuirs d'Angleterre sont réputés avoir sur les nôtres : l'eau qui tient sans cesse en dissolution les parties les plus pénétrantes & les plus styptiques du tan, & qui abreuve continuellement les Cuirs, doit les pénétrer plus facilement & plus intimement que de la poudre ou de la boue d'écorce qui est seulement étendue par-dessus : au reste, j'en appelle à l'expérience qu'on doit avoir de la bonté des Cuirs d'Angleterre, pour être justifié ou contredit dans mon explication. Les Arts ont été si peu étudiés & si peu connus jusqu'ici, que les faits même les plus aisés à constater, sont contredits & rendus équivoques par ceux qui sont intéressés à les contester ; & peut-être que bien des Tanneurs diront que les Cuirs d'Angleterre ne valent pas mieux que les nôtres.

De la durée du Tannage en France.

98. Les Tanneurs qui me paroissent les plus sinceres & les plus instruits, conviennent qu'il faudroit laisser les Cuirs dans l'écorce beaucoup plus long-temps qu'on ne fait en France, & qu'ils y prendroient plus de qualité & plus de force ; plusieurs sont persuadés que ces excellents Cuirs de Liege & d'Angleterre, qui passent pour les meilleurs de l'Europe, y ont resté trois ans ou davantage : j'en ai vu qui soutenoient qu'en Angleterre la préparation d'un bon Cuir duroit quelquefois six ans, & qu'en France même on y employoit autrefois ce temps-là.

99. Quelques Tanneurs soutiennent cependant qu'il y a, même dans ce point-là, un excès à éviter, & un point de saturation, au-delà duquel un Cuir ne pourroit que perdre à rester en fosse : il y a une petite couleur verte que l'on apperçoit dans le milieu du Cuir lors de la coupe, & qui n'y resteroit pas si le Cuir étoit trop tanné : au lieu de cette substance verte, disent-ils, qui doit se remarquer dans le milieu de l'épaisseur, on y trouvera une substance seche, dure, cornée & spongieuse, qui d'un côté prend aisément l'humidité, & de l'autre rend le Cuir très-cassant.

S'il est vrai que le tan puisse être sujet à un pareil inconvénient, il faut au moins convenir que dans l'état actuel des choses, c'est un cas métaphysique dont le Public n'a rien à craindre & dont l'intérêt des Tanneurs ne nous préservera toujours que trop : l'envie de finir promptement leurs habillages ne leur a peut-être pas même permis d'en faire jamais l'expérience ; ils sont trop pressés pour la rentrée de leurs fonds. Au reste, il faut convenir que s'il y a des Cuirs de Liege qui restent si long-temps en fosse, ce sont ceux des Isles, qui étant d'une qualité différente des nôtres, peuvent exiger un plus long séjour dans l'écorce ; & peut-être que la maniere de tanner en France (77) va moins vîte que celle de tanner dans l'eau, qui en Angleterre n'exige qu'une année (96.)

Moyens d'abréger la durée du Tannage.

100. On a souvent demandé & souvent essayé de trouver une méthode qui pût abréger la durée du tannage ; le profit seroit considérable, puisque sur cinquante Cuirs il y a d'abord à perdre soixante & douze livres par an pour l'intérêt de son capital, & que les emplacements qu'occupent chaque fosse sont également onéreux aux Tanneurs, sur-tout à Paris où le loyer & le prix d'une tannerie est un objet considérable : voici un expédient qui tient à la méthode Angloise, & qui pourroit abréger considérablement la durée du tannage. On sait que les récoulements avancent les lessives, & que le jus de tannée se forme & se perfectionne en le faisant repasser souvent sur le même marc (200) ; on pourroit donc ménager dans un coin de la fosse où l'on couche les Cuirs, un puisard formé avec deux planches, comme on le voit en *G* dans la Planche II, pour y introduire une pompe : on puiseroit par ce moyen le liquide filtré au travers de la tannée, toutes les fois qu'il se feroit amassé dans le puisard, deux ou trois fois la semaine s'il étoit nécessaire, & on le reverseroit sur la fosse : ces filtrations réitérées seroient un moyen sûr de tirer tout le parti possible de cette écorce, d'en dissoudre tous les sels, d'en imbiber & d'en pénétrer les Cuirs, de les entretenir toujours moux & toujours ouverts, jusqu'à ce que le tan les eût pénétrés & abreuvés convenablemens : l'expérience auroit bientôt appris à quel terme il conviendroit d'arrêter ces filtrations & ces reversements, & il paroît certain qu'on gagneroit beaucoup de temps en embrassant cette méthode.

101. Je ne sai s'il n'y auroit pas encore un avantage considérable à échauffer de temps en temps l'eau d'une fosse ; l'eau chaude dissoud, ramollit & pénetre bien mieux que l'eau froide, & l'on en a déja l'expérience dans les petites peaux (274.)

102. J'ai oui dire que M. Teybert mêloit de la poudre d'alun avec le tan qu'il mettoit dans ses fosses : il n'est pas douteux que cet usage contribueroit beaucoup à la dureté & à la force du Cuir ; mais cette substance n'est probablement pas assez commune pour qu'on puisse en faire un usage fréquent dans un Art tel que celui du Tanneur : s'il existoit une matiere aussi astringente & styptique que l'alun, & en même-temps aussi commune que l'écorce de chêne, ce seroit celle qu'il conviendroit d'employer pour augmenter la force du Cuir, & abréger la durée du tannage.

Maniere de faire sécher les Cuirs.

103. Les Cuirs qui ont été assez long-temps en fosse étant suffisamment tannés, on les fait sécher à l'ombre, sans les battre ni les balayer ; pour cela

on

on les étend fur perche, ou bien on les pend par la tête à des clous ; & afin que l'air donne par-tout également, on les tient ouverts avec un ou deux bâtons, foutenus par les ventres du Cuir : on doit avoir pour cela un grenier qui foit percé de plufieurs fenêtres, mais à l'abri du foleil & du grand vent.

Lorfque les Cuirs blanchiffent & quils deviennent plus roides, mais avant qu'ils foient tout à fait fecs, on les dreffe ; pour cela on les étend fur un terrein net, on les frotte avec du tan fec pour en ôter la moififfure qui a pu s'y former, & on les frappe avec la plante du pied, ce qu'on appelle quelquefois *parer* le Cuir, principalement fur le côté de la chair, afin de le bien dreffer, d'en applatir les inégalités, les boffes, les faillies ; on les empile, en obfervant que les bordages fe croifent alternativement tête à tête & queue à queue ; on les laiffe ainfi pendant un jour : s'il y a des Cuirs plus petits que d'autres, & par conféquent plus aifés à fécher, on en fait une pile féparée.

104. Le lendemain on remet les Cuirs fur perche, ou bien on les laiffe accrochés pendant l'efpace de quatre jours, pour qu'ils fechent encore mieux. Les Cuirs prefque fecs fe mettent en preffe pendant vingt-quatre heures, c'eft-à-dire, qu'on les couvre de planches, & qu'on charge ces planches de plufieurs poids.

S'il y a des Cuirs un peu trop mous ou d'autres qui tirent du grain, on les *maille*, c'eft-à-dire, qu'on les bat avec une mailloche fur un billot de bois bien uni : le maillage contribue à les raffermir, à les étirer, à les liffer ; il y a même des Tanneurs qui battent tous leurs Cuirs. (107.)

Les Cuirs ainfi dreffés, preffés, maillés, & à-peu-près fecs, fe mettent dans un lieu frais, où l'on a foin de les changer de fituation de temps à autre pendant trois femaines ; tantôt on les empile, on les charge, on les retourne; tantôt on les développe en forme d'éventail en mettant dos fur bordage ; au bout de trois femaines ou un mois, ils font fecs & en état d'être employés.

105. Quoique le Cuir foit bien fec, il ne peut que gagner à être encore gardé plus long-temps ; il lui faut un mois de cave pour le moins, afin que toutes les parties actives du tan aient achevé de pénétrer & d'agir ; qu'il n'y ait plus aucun mouvement inteftin qui puiffe tendre à la diffolution, & empêcher la durée & le bon ufage du Cuir.

106. Dans certaines Provinces les Cuirs à la chaux ne fe balayent que de fleur ; on leur laiffe le tan qui peut y être attaché du côté de chair, & qui nourrit le Cuir quand il eft plié : on ne les bat point fur la pierre ; on ne les ficelle point, parce qu'ils font entiers ; mais on les plie en deux, la fleur en dehors. En Angleterre, on ne les dreffe point à plat comme l'on fait ici (108).

107. Les Cuirs à l'orge font ceux qui ont le plus befoin d'être battus : lorfqu'ils font prefque fecs, on les étend fur une pierre bien dreffée, environnée de plufieurs hommes : chacun a un maillet de bois, & frappe à coups

TANNEUR. K

redoublés fur ce Cuir, pour le rendre plus-compact & plus ferme : au lieu d'une pierre à battre, il y en a qui fe fervent d'un billot de bois, & cela eft affez indifférent : on voit en *B* dans la Planche II, deux hommes employés à battre un Cuir. Si l'on a huit hommes à la fois, ils peuvent battre trente Cuirs dans leur journée, c'eft-à-dire, foixante bandes ; car les Cuirs font prefque toujours divifés en deux bandes.

Cet apprêt eft très-important pour le Cuir : il y a une différence confidérable entre la bonté d'un Cuir qui eft bien battu & la qualité d'un Cuir non battu : les Cordonniers jaloux de la bonté de leurs ouvrages, battent fortement & long-temps leurs femelles (239).

108. Les Tanneurs Anglois donnent à leurs Cuirs dans le féchoir une façon particuliere, qui revient à-peu-près au même, pour la bonté des marchandifes. Lorfque les Cuirs font étendus fur les perches, la fleur en dehors, on prend un petit maillet fait d'un bois très-dur & arrondi, avec lequel on frappe l'intérieur de la furface à coups redoublés dans tous les points ; on leur redonne ainfi la forme naturelle d'un Bœuf ou à-peu-près ; & c'eft fous cette forme que les Tanneurs ont coutume de les vendre. On fait la même opération le matin & le foir ; & fi les Cuirs fechent trop vîte, on les arrofe avec un balai pour leur rendre la moiteur néceffaire, par le moyen de laquelle ils fe compriment & fe durciffent fous le maillet.

Du tiffu des Cuirs, & de leur qualité.

109. Le Cuir & généralement toutes les Peaux font compofées d'un grand nombre de couches de fibres, entrelacées en forme de réfeau, & qui fe coupent dans tous les fens, comme je l'ai remarqué dans l'Art du Parcheminier, art. 2 : auffi le Cuir coupé dans tous les fens montre toujours le même afpect, la même force, & paroît avoir fon droit fil de tout côté ; il réfifte également en long ou en large.

110. Le Cuir bien tanné peut fe conferver très-long-temps ; il n'eft point fujet à la corruption : on a vu des Cordonniers le garder pendant quinze ans, fans qu'il eût perdu de fa bonne qualité ; mais il faut le garantir des inconvéniens de l'humidité & de la féchereffe.

111. Les Marchands qui achetent beaucoup de Cuirs pour porter à la foire de Beaucaire ou autres femblables, ont foin de mouiller leurs magafins du haut en bas, pour conferver la fraîcheur & le poids de leurs Cuirs. Dans cet état, on obferve quelquefois que les Cuirs augmentent de poids en abforbant l'humidité de l'air : cela arrive fur-tout dans les Cuirs de Hongrie, qui contiennent beaucoup d'alun, comme nous dirons dans l'Art du Hongroyeur.

112. Pour connoître à la coupe fi un Cuir eft bien apprêté, on examine s'il a la coupe luifante, le nerf ferré, s'il eft intérieurement d'une couleur de

noix de galle à l'épine, ou du dedans de la mufcade ; s'il a de la *verdure*, c'eft-à-dire, une tranche marbrée en dedans : la coupe doit fe faire principalement à la gorge, au dos, ou vers la culée, pour en bien juger, parce que ce font les parties les plus effentielles du Cuir.

Ceux qui ont le dedans de la coupe terne, jaunâtre ou noirâtre, le nerf ouvert & fpongieux, & une raie noire ou blanchâtre au milieu, font de mauvais apprêt. Ceux qui paroiffent comme de la corne dans la tranche, qui font roides, fecs, & qui rendent un certain fon clair, n'ont pas pris affez de tan.

Les Cuirs qu'on accufe d'avoir été trop tannés, font ouverts, fpongieux, légers, comme ayant été brûlés par la force du tan, & ne paroiffent que d'une feule couleur brune à la coupe. Je crois que c'eft plutôt à la chaux qu'à la foffe, qu'on devroit, ce femble, attribuer ce défaut.

113. On emploie auffi un moyen bien fimple pour diftinguer le Cuir mal apprêté ; c'eft une goutte d'eau verfée fur la fleur avec le bout du doigt, ou plutôt fur la tranche : fi cette goutte d'eau ne demeure pas parfaitement ronde & qu'elle s'étende, c'eft une preuve que le Cuir eft mal apprêté, qu'il eft fpongieux, & fera de mauvais ufage ; mais à dire vrai, il faudroit que le Cuir fût bien mauvais & bien fpongieux pour abforber tout d'un coup une goutte d'eau. Je crois que pour le bien diftinguer, il faudroit laiffer le Cuir dans l'eau pendant quelques jours, après l'avoir bien pefé, le pefer encore au fortir de l'eau ; on jugeroit par l'augmentation de poids de fa qualité plus ou moins fpongieufe, lorfqu'on auroit reconnu une fois combien une femelle doit pomper d'eau en huit jours de temps, lorfqu'elle eft de la meilleure qualité, ou combien de temps il lui faut pour avoir abforbé par exemple une once pefant d'humidité.

DES CUIRS A L'ORGE.

114. Après avoir décrit le travail entier du Tanneur, felon la méthode la plus commune & la plus ancienne, nous allons reprendre la premiere partie de ce travail, pour expliquer les différentes méthodes qu'on a pour parvenir au même but.

La premiere des deux grandes opérations du Tanneur (2) confiftoit autrefois à faire enfler les Cuirs, c'eft-à-dire, à dilater, à ouvrir leurs pores par l'humidité de l'eau de chaux (18), pour faciliter l'opération de la foffe qui devoit fuivre : on a trouvé depuis, qu'une fermentation ménagée avec art, & conduite avec précaution, pouvoit produire cet effet en moins de temps, & d'une maniere plus parfaite : cette méthode confifte à faire aigrir une pâte de farine d'orge, qu'on délaye enfuite, & dans laquelle on fait tremper les Cuirs : cette eau aigre établit dans les Cuirs une fermentation acide, qui dilate & gonfle les Cuirs fans les brûler & fans les affoiblir, comme doit faire la chaux (48.)

115. Cette méthode générale fe divifera en plufieurs branches, parce qu'elle fe pratique de plufieurs manieres différentes : nous expoferons fuccef-fivement toutes celles dont nous avons pu avoir connoiffance (121, 126, 154); après quoi nous parlerons des Cuirs à la jufée, qui fe préparent fans le fecours de la farine, par une autre forte de fermentation (190.)

116. Les Cuirs qu'on veut préparer à l'orge, doivent être défaignés s'ils font frais (13), défalés fi ce font des Cuirs fecs & falés ; ils doivent être amollis par le trempement, le craminage & le foulage (16), auffi bien que les Cuirs qui doivent être habillés à la chaux.

Il importe fur-tout de bien travailler de riviere lorfqu'on fait des Cuirs à l'orge ; il faut que l'eau en forte claire, & que la partie gommeufe en foit bien exprimée, parce qu'elle empêcheroit la fermentation des paffements d'orge (117), en enveloppant de fon mucilage les parties infenfibles dont le mouvement inteftin produit la fermentation. J'ai fu que les premieres expé-riences de Teybert avoient manqué, parce qu'il y avoit eu de la colle dans les cuves dont il s'étoit fervi.

117. Quand les Cuirs font bien trempés & amollis, il s'agit de les faire gonfler par le moyen de la fermentation acide. On fait affez que la farine détrempée avec de l'eau, telle que la pâte ordinaire dont nous faifons le pain, eft fujette à fermenter & à s'aigrir ; que dans cet état la pâte s'enfle, s'éleve, s'échauffe ; tel eft l'effet que l'on produit dans les Cuirs au moyen de l'orge détrempée avec de l'eau, ce qu'on appelle un *Paffement*, ou *Baffement* d'orge. Le mot de *baffement* s'eft introduit dans bien des endroits par un vice de la prononciation des étrangers, ou peut-être à caufe des cuves baffes & enfoncées en terre, qu'on employoit d'abord pour faire la compofition : aujourd'hui on la fait dans des cuves ordinaires de quatre pieds de hauteur fur autant de diametre. Le terme de *paffement*, qui eft le plus exact & le plus conforme à l'étymologie, vient du mot *paffer*, qui fignifie en général *travailler une peau* ; & c'eft le terme que j'ai cru devoir préférer.

118. On met environ cent ou cent dix livres d'orge pour faire un paffe-ment de huit Cuirs, en fuppofant des Cuirs médiocres qui pefent vingt-cinq livres quand ils font fecs à l'oreille, ou cinquante livres à la raie : les uns mettent toute la farine à la fois, lorfqu'ils veulent mettre les Cuirs en paffe-ment ; les autres font un levain la veille avec vingt-cinq livres de farine & une chaudiere d'eau chaude, & n'ajoutent le furplus de la farine que douze heures après ; quelques-uns y mettent un peu de vinaigre pour accélérer la fermentation : trois ou quatre bouteilles de vinaigre, verfées en différents temps fur un paffement, y confervent la fraîcheur & l'acidité néceffaire pour une bonne fermentation.

119. Les

119. Les Cuirs à l'orge ſe coupent ordinairement en deux bandes avant d'être mis en paſſement, au lieu que les Cuirs à la chaux ſe conſervent aſſez communément de toute leur grandeur.

120. Dans quelques endroits, les Cuirs à l'orge ſont environ ſix ſemaines en été, & juſqu'à trois mois en hyver dans le paſſement, avant que d'être ſuffiſamment enflés : tous les jours on les leve pendant l'eſpace de deux ou trois heures ſur des planches qui ſont au bord de la cuve, & on les rabat enſuite : on ſait que le contact de l'air facilite & entretient la fermentation.

On voit en *A* dans la Planche II, des Cuirs qu'on releve ſur le bord des cuves ; & en *E*, ces mêmes Cuirs qui s'égouttent, & qui ſont empilés.

121. Pour préparer les Cuirs à l'orge du côté de Sedan, on emploie neuf ou dix petites cuves, contenant environ ſix muids : chacune de ces cuves a ſon degré de force différent ; celle qui a travaillé une fois, devient d'un degré inférieur ; & au lieu d'être la dixieme, elle n'eſt plus que la neuvieme pour les Cuirs ſuivants : celle qui a travaillé deux fois eſt la huitieme, & ainſi de ſuite juſqu'à celle qui ayant ſervi neuf fois devient la premiere dans l'or-dre des apprêts & la plus foible de toutes.

122. Dans la premiere eau d'orge ainſi affoiblie & qui a déja ſervi neuf fois, on jette d'abord cinq Cuirs qui y demeurent un ou deux jours ; de-là ils paſſent dans la ſeconde cuve, qui eſt un peu plus forte, c'eſt-à-dire, un peu plus aigre, parce qu'elle n'a ſervi que huit fois, & ainſi de toutes les autres que les mêmes Cuirs parcourent ſucceſſivement.

Quelquefois on ne conduit les Cuirs que juſqu'à la troiſieme ou à la ſeconde cuve, lorſqu'on leur trouve aſſez d'activité pour qu'il ſoit inutile d'en faire une nouvelle.

123. L'eau aigre de la premiere & de la plus foible des cuves qui a ſervi dix fois, n'eſt pas toujours abſolument épuiſée ; tant qu'elle paroît ſuffiſante pour cette premiere préparation, on la conſerve, & ainſi des ſuivantes : il n'en eſt pas de même des eaux de tan qui ſervent pour le Cuir à la juſée, on ne les conſerve pas au-delà du terme fixé ; & à chaque fois on vuide la cuve la plus baſſe qui ſe trouve avoir ſervi dix fois, ſi l'on a employé dix cuves : nous en parlerons lorſqu'il ſera queſtion de la juſée (256).

124. Dans pluſieurs autres Provinces, on ſe contente de trois cuves pour un habillage, & l'on forme trois paſſements, le mort, le foible & le neuf, de la maniere ſuivante : Les Cuirs qui ſont ſuffiſamment amollis (116) s'abat-tent dans un paſſement mort juſqu'à ce qu'ils quittent leur poil ; car tout de même que les pleins morts ne ſervent d'abord qu'à débourrer les Cuirs (26), de même les paſſements morts s'emploient pour diſpoſer les Cuirs à des paſ-ſements neufs, & pour faire tomber le poil.

125. Après un ou deux paſſements, le poil étant diſpoſé à quitter, on débourre les Cuirs ſur le chevalet (26) avec le couteau rond ou ſourd, & on

TANNEUR. L

les jette enfuite dans l'eau claire pendant douze ou vingt-quatre heures, fuivant le befoin qu'ils en ont. On retire les Cuirs de l'eau ; on les met dans un paffement foible, où on les abat une fois chaque jour, jufqu'à ce qu'ils paroiffent avoir pris du corps. Lorfqu'ils ont affez de paffement foible, on les décharne (37) ; après quoi on les jette à l'eau pour l'efpace d'environ fix heures ; c'eft ce que les Ouvriers appellent *le trempement du foible.*

Le troifieme paffement doit être un paffement neuf, compofé, comme nous l'avons dit (118), d'environ douze livres de farine d'orge pour un Cuir qui doit pefer vingt-quatre livres étant fec : on prend d'abord le quart de cette farine pour en faire un levain ; & lorfque ce levain commence à monter, ce qui arrive au bout de quelques heures, à moins que le grand froid ne ralentiffe la fermentation : on délaye ce levain avec la farine dans une cuve qui contient autant d'eau qu'il en faut pour les Cuirs qu'on veut y mettre : on leve les Cuirs de ce paffement neuf, & on les abat chaque jour, jufqu'à ce qu'ils aient acquis le renflement néceffaire.

126. Les procédés ci-deffus font diverfifiés ou fimplifiés fuivant les lieux ; on ne peut ni on ne doit établir de regle générale pour ces fortes de détails ; ce feroit étouffer la réflexion & l'induftrie, arrêter le progrès des découvertes & de l'expérience.

Par exemple, à la Manufacture de M. Barois & Compagnie, près l'Eglife Saint Hippolyte, Fauxbourg Saint-Marceau, on conduit à la fois cinq trains qui font de quatre cuves chacun ; ces cuves ont trois pieds de hauteur fur quatre pieds & demi de diametre : dans chaque cuve on met huit Cuirs, & par conféquent chaque train eft de trente-deux Cuirs : on a foin de relever ou racoutrer deux fois le jour tous les Cuirs qui font en paffement.

Tous les quatre jours, on fait un paffement neuf dans une des quatre cuves, c'eft-à-dire, dans celle dont le paffement étoit le plus foible ; après avoir jetté ce vieux paffement & lavé la cuve, alors le troifieme paffement devient le dernier ou le plus foible ; & celui qui étoit le premier & le plus fort, fe trouve être le fecond.

Les huit Cuirs qui entrent tous les huit jours dans chaque train, fe mettent, en arrivant, huit jours dans le quatrieme paffement, qui eft le plus foible ; quatre jours après, dans le troifieme paffement, qui fe trouve également foible ; enfuite dans le fecond & dans le premier : au bout de feize jours on les pele (26), & l'on recommence à les mettre dans les quatre autres paffemens.

Ils reçoivent d'abord une chûte de paffement neuf, c'eft-à-dire, un paffement qui n'a fervi qu'une fois ; quatre jours après, une autre pareille chûte de paffement neuf, qui a fervi auffi quatre jours ; enfuite deux paffemens abfolument neufs, & quelquefois un troifieme paffement neuf : ainfi un Cuir fait deux fois le tour des quatre cuves. La même cuve où il entre en venant de chez le Boucher, eft celle d'où il fort pour aller dans le paffement rouge.

Chaque passement neuf pour huit Cuirs, tels qu'on les travaille à Paris, est de dix boisseaux rases *, ou cent trente livres d'orge moulu, plus ou moins (118) : le levain se fait la veille avec trois de ces dix boisseaux, qu'on met dans de l'eau chaude.

Cet intervalle de trente-deux jours suffit pour conduire des Cuirs au degré convenable de préparation, soit en été, soit en hyver ; mais en hyver, on y emploie quelquefois de l'eau chaude pour accélérer la fermentation : on mettra, par exemple, cinq ou six seaux d'eau chaude dans un passement.

A l'égard de la quantité de tan qu'on emploie ensuite pour ces Cuirs à l'orge, un Cuir de cent livres à la raie prend environ deux cents livres d'écorce, savoir, cinquante en passement rouge (165), soixante en premiere poudre, cinquante en seconde poudre, & quarante en troisieme poudre : dans d'autres endroits, on la distribue en corbeilles d'environ quarante-cinq livres ; on met (pour huit Cuirs) trois corbeilles dans le passement rouge, seize en premiere poudre, & huit dans chacune des deux autres poudres.

127. Les Cuirs étant suffisamment renflés dans les passements à l'orge, qu'on appelle *passements blancs*, on les met en rouge.

Le passement rouge n'est composé que d'eau claire, avec deux ou trois poignées d'écorce entre chaque Cuir.

Les Cuirs restent en état pendant trois ou quatre jours, au bout desquels on leur redonne encore autant d'écorce dans le même passement : trois autres jours suffisent alors pour les mettre en état d'être couchés en fosse de la même maniere que les Cuirs à la chaux (90) : ces passements rouges leur donnent un degré de fermeté nécessaire, pour que l'action du tan dans la fosse ne surprenne pas les Cuirs, & ne les racornisse pas trop promptement. *Voyez art. 165.*

128. Ce que nous venons de dire de la méthode ordinaire des Cuirs à l'orge, est suffisant pour guider des Tanneurs habiles qui n'en connoîtroient pas le procédé ; mais nous ne devons pas dissimuler qu'il faut de l'habitude & de l'intelligence pour connoître si un Cuir est assez enflé, & pour conduire des passements. Nous allons entrer dans un détail encore plus circonstancié pour la méthode des Cuirs de Valachie, parce qu'elle est encore moins connue que la précédente.

Des Cuirs façon de Valachie, qui se préparent par les passements chauds.

129. Les Cuirs à l'orge préparés dans une seule cuve chaude, sont appellés quelquefois *Cuirs de Valachie*, parce que l'on prétend que la méthode nous

---

*Le septier d'orge ou les 12 boisseaux en grain, rendent 195 livres de farine, ou 15 à 16 boisseaux de farine : le septier de grain coûte 7 liv. en 1763 ; mais il va quelquefois de 5 liv. jusqu'à 10, & au-delà : le septier de froment va de 15 à 18.

eſt venue des *Valaques* : ce ſont des Peuples tributaires du Turc, & qui habitent ſur le bord du Danube, entre la Bulgarie & la Pologne ; ils ſont gou-
vernés par un Prince ou Deſpote particulier : le Prince *Mauro Cordato* les
a rendus aſſez célebres ; & de ſon temps les Arts & même les Sciences étoient
connus dans ſon pays : c'eſt delà qu'on prétend avoir reçu la méthode des
Cuirs de Valachie, qui conſiſte à mettre les Cuirs dans un paſſement bien
chaud pendant l'eſpace de trente heures. Nous allons entrer dans le détail de
cette méthode, telle que M. Teybert la propoſa en France en 1747.

130. Après que les Cuirs ſont revenus ou ramollis dans l'eau (13), on
les foule aux pieds, & on leur paſſe le couteau rond ſur chair, afin de les
rendre ſouples ; on les rince enſuite de nouveau pour les nettoyer de toutes
les ordures qui pourroient les piquer, & on les met égoutter ſur des perches.

Après cette opération, il faut examiner, ſoit ſur la perche, ſoit au flottage,
ſi le poil ſe détache aiſément, ce qui peut arriver en été & dans les pays
chauds, ſans autre préparation : dans ce cas on pourroit les dépiler ſur le
chevalet ; hors delà il faut les ſaler, comme nous le dirons bientôt (133),
pour les mettre en état de pouvoir être pelés.

Méthode pour faire tomber le poil.

131. Lorsqu'on a des peaux fraîches qui viennent de la boucherie, & dont
il faut faire tomber le poil, on ſe ſert de la fermentation : dès qu'on a coupé
les queues, les cornes & les oreilles, on ſale les Cuirs ſans les mettre tremper.

La ſalaiſon d'un Cuir fort conſiſte à répandre deux ou trois livres de ſel
de morue, d'alun & de ſalpêtre ſur chaque moitié de Cuir ; on renverſe
l'autre moitié ſur celle qui a été ſalée, & on les applique l'une ſur l'autre le
plus également qu'il eſt poſſible.

Les Cuirs étant ainſi ſalés, on les met en pile les uns ſur les autres ; on
couvre la pile avec de la paille ou avec un gros ſac : dans cet état ils commencent bientôt à fermenter & à s'échauffer ; on les retourne une ou deux
fois par jour, en changeant de plis & de côté, pour que la fermentation ſoit
uniforme, & qu'il n'y ait pas de parties plus endommagées que d'autres.

132. Cette fermentation diſpoſe le poil à ſe détacher ; on n'attend pas qu'il
tombe de ſoi-même, ou qu'il ſoit trop aiſé à arracher ; on courroit riſque de
laiſſer endommager la fleur du Cuir.

Si quelque obſtacle empêchoit de pouvoir faire la dépilation le jour où
les Cuirs ſont aſſez échauffés, il faudroit les jetter dans l'eau pour un jour
ou deux, mais pas davantage ; car ils ſeroient en riſque même dans l'eau.

Lorſqu'on apperçoit que certaines peaux ſont plutôt échauffées que les
autres, on a ſoin de les retirer de la pile, & d'y laiſſer celles qui ont encore
beſoin de l'échauffe.

133. On

133. On peut aussi faire tomber le poil par l'échauffement, sans employer le sel ; il ne s'agit que de plier en chair, patte sur patte, & bien exactement, chaque Cuir qu'on veut mettre en échauffe, les coucher l'un sur l'autre sur un lit de paille de litiere (elle est plus souple & plus propre à la fermentation que la paille neuve) ; on leur fait ensuite une couverture de la même paille, mais en plus grande quantité que dessous les Cuirs, & dans cet état on leur laisse passer un jour.

134. Le lendemain on les change de côté ; une partie de la paille de dessus sert à faire un lit plus mince sur lequel on les recouche, en commençant par celui de dessus ; le reste de la couverture, avec la paille qui leur servoit de lit, s'emploie à les recouvrir ; on les laisse encore un jour dans ce second état, plus ou moins, suivant que le poil est plus ou moins adhérant : & comme il seroit dangereux de les laisser trop échauffer, on a soin de les visiter deux fois le jour, pour examiner le moment où le degré de fermentation sera suffisant pour faire quitter le poil, & non au-delà.

135. Il faut que le poil crie lorsqu'on l'arrache, & fasse une résistance médiocre ; il suffit qu'on puisse l'arracher à force de poignet : plus la dépilation est dure, mieux le Cuir s'en trouvera, parce qu'il n'aura point été attendri par l'échauffe.

Si, avant de mettre les peaux en échauffe, on apperçoit des endroits dont le poil ait quitté, il faut les bassiner avec une éponge ou un linge détrempé d'eau & de sel, pour empêcher qu'ils ne s'échauffent davantage avant que le reste du poil soit disposé à tomber.

136. En employant du fumier bien chaud, on abrégeroit de moitié la durée de l'échauffement ; mais il faudroit y enfouir totalement les Cuirs, & veiller avec grand soin sur le moment précis où le poil seroit prêt à quitter.

137. Le meilleur seroit encore de supprimer totalement cette opération, parce qu'elle est dangereuse pour peu qu'on la manque, parce qu'elle attendrit trop les Cuirs, & parce que l'on peut y suppléer, soit en rasant les Cuirs (147, 194), soit en observant le temps où le poil se dispose à quitter de lui-même deux ou trois jours avant le point de *rebattue*, c'est-à-dire, avant le temps où les Cuirs sont en état d'entrer en passement. (Voyez aussi l'art. 171).

Méthode pour composer les Passements.

138. Tandis que les Cuirs s'échauffent, on prépare un levain avec de la farine de bon froment pour les faire gonfler : vingt livres de farine ayant été délayées dans de l'eau & pétries comme de la pâte de pain avec un peu de vieille pâte, on y ajoutera, si l'on veut, un demi-septier ou huit onces de

vinaigre pour développer l'acide avec plus de promptitude, & on laissera ce levain bien couvert & à une douce chaleur pendant deux, trois ou quatre jours sans y toucher, couvert d'une toile ou d'une étoffe de laine ; alors il sera suffisamment aigre & propre à former la composition dans laquelle les Cuirs doivent gonfler. Les vingt livres de farine que nous avons prescrites pour le premier levain, suffiront à six ou sept grands Cuirs de quatre-vingts livres à la raie, ou à neuf ou dix Cuirs de jeunes bêtes : ces vingt livres de farine produiront trente livres de levain, parce qu'il y faut un tiers d'eau chaude pour la pétrir.

139. M. Guimard, Inspecteur, qui travailla en 1748 d'après les principes de Teybert, reconnut qu'un premier levain sans vinaigre pouvoit suffire, & qu'on devoit l'employer le lendemain ou le surlendemain, parce que suivant la remarque des Boulangers, le levain perd au lieu d'acquérir de la force quand il a passé les vingt-quatre heures, ou deux jours en temps froid. Lorsque le levain est bien aigre, il s'agit d'entreprendre la composition ; on emploie à cet effet une cuve de cinq pieds de diametre sur trois pieds de hauteur : il suffit d'une seule cuve pour un travail de six Cuirs ; mais si l'on veut en conduire un plus grand nombre, il faut employer plusieurs cuves semblables.

140. Les cuves que l'on emploie doivent être bien nettes & bien purgées des matieres étrangeres qu'on y auroit pu mettre auparavant, telles que la chaux, la colle, l'huile, ou autres substances qui ne sont point propres à la fermentation acide qu'il s'agit de produire.

On remplira chacune des cuves qui doivent servir à faire des passements, jusqu'à la moitié de leur hauteur, avec de l'eau claire & nette : on retirera de chacune de ces cuves six ou sept seaux d'eau, que l'on mettra dans une chaudiere sur le feu : lorsque cette eau sera bien bouillante, on en prendra une portion, avec laquelle on délayera dans un vaisseau particulier environ soixante livres d'orge moulue, pour chaque passement de six grands Cuirs. On aura soin de bien écraser tous les grumaux, qui seroient de la matiere perdue & sans action, & l'on achevera d'éclaircir cette pâte avec de l'eau froide, jusqu'à la consistance d'une pâte que l'on destineroit à faire de la forte colle.

141. La pâte ainsi délayée se remet dans la chaudiere ; on la remue sans interruption avec un bâton, pour empêcher que la farine ne se dépose & ne se brûle au fond de la chaudiere, & on la laisse bouillir à gros bouillons, de façon qu'elle s'éleve jusqu'à trois fois.

On répartit cette colle de farine dans les cuves destinées aux passements ; on la remue avec une pêle, d'abord à droite, ensuite à gauche, pour faciliter le mouvement intestin qu'on se propose de produire : la derniere fois qu'on change de main, il faut opposer la pelle à la circulation du liquide pour l'arrêter brufquement ; cela aide la fermentation : les Cuifiniers favent bien qu'on fait tourner le lait en le remuant des deux fens.

142. Les paffements étant ainfi compofés d'eau & de farine, on retire de chacun un ou deux feaux de cette compofition, qu'on remet fur le feu pour le levain, & l'on couvre, en attendant, avec des planches bien jointes les cuves des paffements.

Auffi-tôt que la compofition commence à frémir fur le feu, même avant le premier bouillon, on retire la chaudiere de deffus le feu, & l'on fe fert de cette compofition pour délayer dans un vaiffeau féparé le levain de froment qui a été décrit ci-deffus (138). Ce levain ainfi délayé avec la compofition d'orge, fe verfe fur les cuves à parties égales ; quelquefois auffi on le fait chauffer pour augmenter la chaleur de la compofition.

143. Ces cuves ou paffements doivent être chauds, de maniere cependant que l'on puiffe y tenir la main jufques à la moitié du bras fans un élancement douloureux : on répand fur chaque cuve fix livres de fel, on les remue, & on les couvre de nouveau pour les laiffer aigrir pendant dix ou quinze jours ; on a foin de les remuer & de les brouiller toutes deux fois le jour ; mais on les recouvre auffi-tôt, de peur qu'un air trop froid n'arrête ou n'interrompe la fermentation. Le fel dont nous venons de parler paffe pour être très-néceffaire, afin de corriger l'acide de la compofition : on a vu des Cuirs qui avoient tous leurs bordages rongés pour avoir gonflé fans fel.

144. Les Cuirs qu'on a mis en échauffe ayant été dépilés avec le couteau rond ou la queurfe, le fable ou la cendre (26), on les porte dans de l'eau claire & courante pour les bien laver, tête en queue & queue en tête, tant en fleur qu'en chair ; on les enfile trois à trois à un bout de corde ; on les lance, comme un épervier, bien avant dans l'eau, où ils enfoncent aifément ; on les y laiffe quatre à cinq jours, jufqu'à ce qu'ils foient fuffifamment rebattus, ayant attention de les en tirer deux fois le jour, de les rincer, les laiffer égoutter un moment, & les lancer enfuite de nouveau dans l'eau : par ce moyen l'on évite le limon que l'eau charrie toujours avec elle, & qui féjournant dans les Cuirs pourroit les piquer. Les Cuirs qui n'ont pas été ainfi rebattus paroiffent tirer du grain, ce qui marque dans cet état-là un défaut de foupleffe ; ils font auffi plus durs à tanner.

145. Au défaut de riviere, on peut faire rebattre les Cuirs dans un baffin ou dans des cuves, en les changeant d'eau tous les jours : il faut qu'on les ait ramollis au point que la fleur même foit fouple, & qu'en appuyant l'ongle deffus la fleur, elle y laiffe fa trace ; les peaux paroiffent auffi un peu jaunes quand elles ont été bien rebattues, & fouvent on y apperçoit de petites taches violettes. Les Cuirs étant bien rebattus, on les écharne, foit avec le demi-rond, foit avec la faux, qui eft plus ufitée en Allemagne.

146. L'écharnement ou décharnement n'eft pas une opération effentielle ;

il n'ajoute rien à la qualité ; mais c'est un travail de propreté. Décharner au vif ou découvrir la veine, c'est enlever à force de bras & avec le demi-rond toutes les pellicules, les parties de chair, & autres choses inutiles qui tiennent aux peaux, de maniere que le côté de la chair paroisse aussi blanc &, pour ainsi dire, aussi uni que la fleur (37).

147. Après avoir décharné au vif, il s'agit de raser les Cuirs, parce qu'ordinairement la dépilation n'a pas été faite si exactement qu'il n'y reste quelques duvets, que l'on est obligé d'enlever avec la faux, instrument beaucoup plus tranchant que le couteau rond ou la queurse, qui servent à dépiler.

Pour raser les Cuirs, il faut faire nécessairement une *couche*, c'est-à-dire, étendre sur le chevalet plusieurs peaux, sur lesquelles on mettra celle qu'il s'agit de raser ; au moyen de cette couche la peau obéit & s'étend, de façon que la fleur ne court aucun risque : si l'on rasoit les peaux sur le chevalet à nud, il arriveroit que le couteau trouvant de la résistance couperoit la fleur. Après avoir jetté un seau d'eau sur la couche pour la laver, on passe la peau du côté de la fleur avec le demi-rond pour en faire sortir la crasse & en tendre le nerf. Le couteau à deux manches que les Hongroyeurs appellent *la faux*, vaut mieux pour le rasement que le couteau à écorner dont les Tanneurs se servent ordinairement, quoique bien aiguisé.

Mais il faut bien savoir manier la faux, ce qui n'est pas donné à tous les Ouvriers ; il faudroit, pour ainsi dire, avoir fait un apprentissage semblable à celui d'un Barbier pour bien raser les Cuirs. Pour plus de facilité dans les décharnements & le rasement, il est bon de tenir dans l'eau, pendant l'opération, les couteaux dont on ne se sert pas actuellement.

S'il survenoit des jours de Fêtes ou autres obstacles qui empêchassent le décharnement & le rasement, on pourroit suspendre le travail pour quelques jours en mettant les peaux dans de l'eau fraîche, sur-tout en eau de puits ; c'est la plus propre à suspendre la fermentation.

A mesure que les peaux sont rasées, on les met dans de l'eau claire ; & quand le rasement est achevé, on les rince & on les porte égoutter sur perche pendant vingt-quatre heures. Si l'on veut récouler les peaux sur le chevalet, on sera dispensé de les laisser ainsi sur perche pendant vingt-quatre heures.

148. Pendant qu'on rase les peaux, ou même auparavant, on compose un second levain de la même maniere que celui dont il a été parlé (art. 138) ; on y emploie seulement seize livres de farine pour six Cuirs, au lieu de vingt livres qu'on mettoit dans le premier levain ; & l'on met ce second levain comme le premier, dans un lieu chaud, propre à y exciter la fermentation. Les seize livres de farine feront vingt-cinq livres de levain à-peu-près.

149. On transvase ensuite la liqueur aigre & claire de la premiere composition (142) ; on en jette le marc, & l'on remet le clair dans la cuve où

doit

doit-fe faire le *paſſement*, pour en former une ſeconde compoſition, qu'on appelle le *complément*, & qui ſe fait comme la précédente.

La cuve contenant ainſi de l'eau claire & aigre, on puiſe dans chacune ſix à ſept ſeaux, que l'on remet dans une chaudiere ſur le feu : lorſque cette eau a bouilli juſqu'à s'élever trois fois, on en retire une partie pour y démêler encore cinquante livres d'orge moulue, c'eſt-à-dire, environ huit livres pour chaque Cuir ; on y verſera peu à peu le reſte de la liqueur chaude.

Cette liqueur ayant bien délayé la nouvelle farine d'orge, on remettra le tout dans la chaudiere, & après l'avoir fait bouillir légérement, on la répartira toute entiere ſur les paſſements.

150. Les paſſements ayant été bien remués avec la nouvelle eau d'orge, on en retirera un ſeau ou deux, qu'on mettra chauffer : lorſque cette eau frémira, on y délayera le ſecond levain (148) fait ci-devant avec ſeize livres de farine, & l'on verſera ce ſecond levain ainſi délayé dans différentes cuves : on ajoutera à ces nouvelles cuves cinq à ſix livres de ſel, comme on l'a dit des autres cuves (143) ; on remuera bien les paſſements ; on en levera deux ou trois ſeaux pour remettre ſur le feu pendant tout le gonflement ; on en ôtera auſſi pluſieurs ſeaux pour mettre en réſerve, en ſorte qu'il ne reſtera que huit pouces de liquide. Les attentions qu'on a preſcrites ci-deſſus pour faire le *principe* de compoſition (141), doivent être également obſervées dans ce ſecond travail, qu'on appelle le *complément*.

151. Si cette maniere de procéder par deux orges & deux levains, pour former un paſſement blanc, paroiſſoit trop embarraſſante, on pourroit ſans doute y parvenir plus ſimplement ; employer tout de ſuite trente livres de levain, cent vingt livres d'orge, & dix livres de ſel pour chaque paſſement qui doit ſervir à ſix Cuirs : mais je décris ici avec une extrême exactitude, à telle fin que de raiſon, le procédé apporté par Teybert, dans lequel on trouvera peut-être un ſcrupule myſtérieux.

Les Tanneurs à l'orge, dans la méthode ordinaire (118), emploient en une fois dans leur premier paſſement neuf, à-peu-près l'orge que nous employons ici en deux fois ; mais ils ſont quelquefois obligés, quand leur premier neuf ne ſuffit pas, d'en faire un ſecond, ce qui augmente beaucoup la dépenſe ; ainſi la méthode de Valachie eſt moins coûteuſe, en même-temps qu'elle eſt plus courte.

152. Lorſque le ſel aura été mis dans les paſſements, on les remuera beaucoup ; on ôtera de chacun deux ou trois ſeaux de matiere liquide, qu'on conſervera dans une chaudiere ſur un feu modéré pendant le temps que les Cuirs ſeront en paſſement, afin de les reverſer ſur les cuves, & en conſerver la chaleur ; on en retirera enſuite pluſieurs autres ſeaux pour mettre dans une cuve de réſerve, de façon qu'il n'en reſte dans chaque paſſement qu'autant qu'il en faut pour couvrir les Cuirs qu'on y doit mettre.

TANNEUR,   N

153. M. Guimard a assuré d'après des expériences faites à Pau en 1748, qu'il valoit mieux faire la composition d'une seule fois, que de la faire en deux, par principe & complément (149) ; en effet, indépendamment du temps qu'on y emploie & du bois qu'on y consume, il peut arriver que le complément fait avec de la nouvelle orge émousse les acides du principe, qui avoient déja commencé à se développer ; dès lors l'effet deviendra plus lent, & l'on seroit obligé, pour rétablir une bonne fermentation, d'y soutenir un degré de feu, d'ailleurs préjudiciable aux Cuirs.

154. Pour faire la composition tout d'une fois, on s'y est pris de différentes manieres, qui ont à-peu-près également réussi.

1°. Avec de l'orge ou avec du seigle moulus (sans aucun levain), & qui avoient été préparés la veille avec de l'eau bouillante.

2°. Avec parties égales d'orge moulue & de levain, délayées dans une eau presque bouillante, c'est-à-dire, frémissante, au moment qu'on veut y mettre les Cuirs.

3°. Avec du son de froment, un demi-boisseau sur chaque Cuir, sans levain. On abreuve ce son avec de l'eau chaude ; on le laisse fermenter pendant un jour ; on y jette une livre de sel pour chaque Cuir, dans le temps même qu'on veut les mettre en gonflement.

4°. En employant aussi du levain d'orge ou de seigle, qui coûte moins que celui de froment, dont nous avons parlé (138), & il suffit de six ou huit livres de grain moulu par Cuir. Lorsque ce levain monte, il est temps d'en faire usage ; & pour l'employer, il ne faut que le délayer dans une eau plus que tiede, & y jetter du sel comme ci-devant, au moment qu'on veut y mettre les Cuirs.

Méthode pour gouverner les Passements.

155. Lorsque les eaux sont aigres & les passements préparés, on leve les peaux de dessus perche, & on les abat dans le passement pour deux minutes de temps, afin de les dégourdir & de leur faire contracter par degrés la chaleur du passement. On les leve sur le couvercle de la cuve, & on les laisse égoutter pendant trois ou quatre minutes: pendant ce temps, on remue de nouveau la composition, ensuite on y rabat les peaux ; on couvre les passements, & l'on y entretient le même degré de chaleur, en y mettant de la composition qu'on tient en réserve : un quart-d'heure après on leve les mêmes Cuirs pour la seconde fois, & on les laisse égoutter un demi-quart d'heure : une demi-heure après la seconde levée, on les leve une troisieme fois, & on les laisse égoutter un quart-d'heure : une heure après la troisieme, on les leve pour la quatrieme fois, & on les laisse égoutter un peu plus : une heure après la quatrieme, on les leve une cinquieme fois, & on leur donne

demi-heure d'égout : enfin on les leve encore au bout de deux heures une sixieme fois & une septieme, après un semblable intervalle de temps : le lendemain on leve les Cuirs deux fois, & même trois ou quatre fois, si les Cuirs sont de mauvaise qualité, & qu'ils paroissent difficiles à faire gonfler : à chaque fois l'on remue le passement, pour que la farine d'orge ne reste pas toute dans le fond, & l'on recouvre exactement la cuve après que les Cuirs ont égoutté une demi-heure. Il est inutile d'avertir que l'on doit toujours conserver le degré de chaleur dont nous avons parlé, tel qu'on puisse seulement tenir la main dans la cuve ; & l'on y parviendra au moyen de la chaudiere qui tient sur le feu la matiere de réserve ; elle sert non-seulement à échauffer, mais à réparer la matiere qui se dissipe, ou qui est absorbée par les Cuirs : il faut que les Cuirs soient toujours couverts dans les passements.

156. Tous ces relevements des Cuirs sur la cuve, suivis de l'égouttement, font que la composition mord & pénetre par-tout également ; sans cela il y auroit des endroits où le Cuir brûleroit par la force de la composition, & d'autres où il ne prendroit pas nourriture ; par exemple, dans les plis qui auroient subsisté trop long-temps dans les mêmes parties du Cuir.

Pour abattre les peaux dans le passement, deux personnes les prennent par les extrémités, & les étendent sur chair dans le passement, les plongent avec des bâtons, & en font sortir le vent afin qu'elles enfoncent mieux.

157. Le passement *blanc* produit ordinairement son effet au bout de trente heures, plus ou moins ; la fermentation acide s'y établit & y produit une dilatation sensible ; ces peaux qui étoient minces & molles acquierent la fermeté & l'épaisseur que des Cuirs doivent avoir ; dès là on commence à leur donner plus particuliérement le nom de *Cuirs*.

Il y auroit du danger à laisser les Cuirs plus long-temps en passement ; quelquefois même la force de la composition les brûle au point que les bordages ressemblent à du linge pourri.

Les Cuirs étant retirés du passement, on en conserve le plus clair, pour servir ensuite de principe à un nouveau passement, en y ajoutant un complément un peu plus fort que le premier (150). Les passements blancs une fois en train, ne coûtent à entretenir que la moitié de la premiere dépense.

Les Cuirs s'égouttent sur couvercle, jusqu'à ce qu'ils soient bien refroidis ; on les met alors dans l'eau, où après les avoir laissé tremper un moment, on les rince pour en faire sortir l'humeur glutineuse que l'orge y a laissée, & on les met égoutter.

158. Pendant le temps que les Cuirs rincés emploient à s'égoutter, on prépare le passement rouge (127, 165), dans lequel on doit aussi-tôt les faire passer. Le nom de *passement rouge*, ou de *rouge* tout court, vient de la couleur que le *Regros* ou l'écorce lui communique, comme on appelle *passement blanc*, ou simplement *le blanc*, celui qui est formé avec de la farine.

Des dangers auxquels sont exposés les Passements.

159. On dit souvent dans les Tanneries que les passements tournent, comme l'on dit dans les Papéteries, que la colle tourne ; dans les Offices, que le vin ou le lait est tourné ; la partie caseuse & mucilagineuse abandonne la partie séreuse où elle étoit en dissolution, & la liqueur cesse d'être homogene.

En général on dit qu'un fluide muqueux est tourné lorsqu'il se décompose, de maniere que l'union intime des différentes parties du fluide cesse d'avoir lieu ; les parties spiritueuses se dégagent alors des parties huileuses, la liqueur s'aigrit, & la putréfaction succéderoit bientôt. Le vin qui est très-spiritueux ne tourne pas facilement, parce que la partie spiritueuse tient la partie huileuse en dissolution, & l'abandonne difficilement.

Les pluies d'orage en été sont toujours très-sulfureuses ; on s'en apperçoit à plusieurs signes ; voilà pourquoi elles font tourner le lait : mais en mettant un peu d'alkali dans le lait, on l'empêche de tourner, parce qu'on donne à l'acide sulfureux une substance qui s'y unit aisément, & qui l'empêche d'agir sur le lait : ainsi il y a apparence qu'on empêcheroit aussi les passements de tourner, en y mettant de la potasse : cela seroit aisé à faire, puisqu'elle ne coûte que dix à douze sols la livre à Paris.

160. Pour empêcher que le Tonnerre ne fasse tourner les passements blancs, quelques Tanneurs ont coutume, dès qu'on est menacé d'un orage, d'amasser de la ferraille, & de la mettre dans chaque cuve, enveloppée d'une serpilliere bien claire, pour empêcher que le fer ne tache les Cuirs : peut-être la force astringente du fer consolide, pour ainsi dire, des parties trop aisées à se dissoudre ; peut-être la matiere électrique se portant en plus grande abondance vers les métaux, abandonne le fluide du passement ; ou, ce qui est encore plus probable, le fer s'unissant avec l'acide, en sature l'excès, & arrête le progrès de la fermentation ; tout ainsi qu'en jettant de la limaille de fer dans du vinaigre, on émousse son acide, en formant un sel martial qui est styptique, mais qui n'a presque pas d'acidité ; & qu'avec du plomb on tire des crystaux doux & sucrés de l'acide le plus caustique & le plus concentré. D'autres pensent qu'une livre de sel, ou une demi-livre de sel ammoniac peuvent empêcher le passement de tourner : cela arriveroit par la même raison, l'acide sulfureux s'unissant au sel ammoniac plutôt qu'aux parties du passement. Il y a même apparence que si les passements ne tournent pas plus souvent, c'est parce que la matiere putride des Cuirs forme, avec l'acide du passement, un sel ammoniacal, & ce sel absorbe la surabondance d'acide, qui augmenteroit trop la fermentation.

161. Quoi qu'il en soit, quand le passement est manqué une fois, il n'y a

plus

plus de remede ; il ne faut même plus compter que les Cuirs puiſſent devenir enſuite d'une bonne qualité ; ils ne peuvent pas s'enfler aſſez pour ſe
bien tanner ; leurs fibres deviennent molles & lâches ; ils ſont ſpongieux, &
ne prennent plus la ſtypticité qui ſeroit néceſſaire pour un bon tannage.
C'eſt pourquoi les chaleurs de l'été ſont dangereuſes dans les *Paſſeries* ; on
craint toujours les mois de Juillet, Août & Septembre, plus que les autres
mois de l'année.

Quand les paſſements gelent, on les laiſſe tranquillement ſous la glace ;
dans cet état les Cuirs n'avancent point, mais ils ne perdent rien de leur
qualité ; ſeulement on perd les paſſements ; car après le dégel ils ne ſont
propres à rien, il faut les jetter.

Des Cuirs à l'orge qui ſe font en Angleterre.

162. J'AI vu pluſieurs Tanneries à Londres dans *Long-lane*, qui eſt une
rue du Fauxbourg appellé *South wark* ; dans la plupart de ces Tanneries,
on prépare à l'orge les gros Cuirs, & l'uſage en eſt déja très-ancien ; mais
les empeignes ſe préparent avec la chaux & la fiente de Pigeon, comme étant
de moindre conſéquence (39).

Les paſſements d'orge ſe conduiſent avec de l'eau chaude, & vont beaucoup plus vîte que les nôtres : car les Cuirs parcourent quatre à cinq paſſements dans l'eſpace de ſix jours, en allant du plus foible au plus fort : ils
ne ſont que vingt-quatre heures dans le dernier, qui eſt un paſſement neuf
qu'on a laiſſé aigrir pendant quinze jours.

Pour former un paſſement neuf, on délaye dans de l'eau chaude cinq à
ſix boiſſeaux d'orge, meſure de Paris *, pour un paſſement de ſix Cuirs ; on
le laiſſe repoſer juſqu'à ce qu'il ſoit extrêmement aigre ; car pour accélérer
la fermentation & le gonflement des Cuirs, on attend que l'acide ſoit beaucoup plus développé qu'on ne le fait en France ; le riſque ne dure pas ſi
long-temps, mais il eſt peut-être plus conſidérable ; il faut veiller ſur les
paſſements avec beaucoup d'attention. On a vu ci-devant une méthode qui
ſe rapproche de celle-ci (129).

Inconvénients du Cuir à l'Orge.

163. EN 1740, on fut obligé de défendre le Cuir à l'orge, à cauſe de la
diſette des grains ; en même-temps qu'on défendoit aux Amidoniers &
aux Braſſeurs de biere, l'uſage du grain dans leurs travaux : cela ſeul prouve
l'avantage qu'il y auroit à éviter totalement l'uſage de l'orge dans la préparation des Cuirs : deux boiſſeaux ou même deux & demi que prend un Cuir

* Voyez ci-deſſus, page 14.

TANNEUR,   O

de quatre-vingts livres, nourriroient un homme pendant un mois dans les pays où l'on met de l'orge dans le pain, comme cela se fait même aux environs de Paris, où l'on en met souvent un quart : ils serviroient du moins aux bestiaux, & par conséquent à l'augmentation de la nutrition des hommes, de la culture des terres, & de la population du genre humain. M. Doublet de Persan, lorsqu'il étoit Intendant du Commerce, fit des efforts considérables pour abolir le Cuir à l'orge, & y substituer le Cuir à la jusée (190) ; c'est à quoi l'on dut l'établissement de la Manufacture de Saint-Germain (223): on devroit bien souhaiter de voir cet usage plus répandu.

164. Les Tanneurs de Provins soutinrent un procès il y a quelques années, contre ceux de Paris, qui vouloient empêcher qu'ils ne fissent du Cuir à l'orge ; ceux de Provins gagnerent cependant, & furent maintenus dans l'usage de faire, comme les autres, du Cuir à l'orge.

Des Passements rouges.

165. Le Cuir à l'orge & le Cuir de Valachie, au sortir des passements blancs, se mettent dans des passements rouges, où ils commencent à se tanner. Voici la maniere dont M. Teybert préparoit ses passements rouges pour le Cuir de Valachie (129).

Pour faire le passement rouge, nécessaire à six Cuirs, on verse dans une cuve une corbeille de trente-cinq à quarante livres d'écorce, hachée par morceaux gros comme le doigt ; c'est ce qu'on appelle *gros* ou *regros*, & l'on y abat les Cuirs en même-temps. Cette opération commence ordinairement le matin ; on releve les Cuirs à midi, & sur les sept heures du soir.

166. La premiere fois, on les laisse égoutter un demi-quart d'heure ; la seconde fois, un quart d'heure ; le soir, on y remet trente-six livres de gros ; & après avoir bien remué le passement, on abat les Cuirs : il faut abattre promptement, pour que le gros n'ait pas le temps de se précipiter, ce qui nourriroit les Cuirs du fond au préjudice des autres. Le second & le troisieme jour, on releve aussi trois fois, & on laisse égoutter les Cuirs une demi-heure à chaque fois ; le matin seulement on ajoute vingt-quatre livres de gros.

Le quatrieme jour, on ne releve que le matin & le soir ; l'égouttement doit durer trois quarts d'heure chaque fois : on n'ajoute point d'écorce.

Le cinquieme jour, les Cuirs ayant été relevés le matin, on les laisse égoutter trois quarts d'heure ; ensuite deux Ouvriers remuent le passement, l'un de la surface au milieu, l'autre jusques au fond ; & à mesure qu'on rabat les Cuirs, on jette quelques poignées d'écorce entre chaque Cuir, & un peu sur celui de dessus, qui sera retourné la chair en haut (les autres ont la chair tournée en bas) : les six Cuirs demandent pour ce dernier passement quarante-huit livres de gros.

On laisse ainsi repofer les Cuirs pendant huit à dix jours, après lesquels on les releve pour la derniere fois ; on les rince dans l'eau courante, & ils font prêts à mettre en foffe (53).

167. Le jus ou le clair rouge que l'on retire de ces paffements, eft auffi bon à conferver que le clair blanc ; il opere mieux qu'un paffement neuf, & il épargne un tiers de regros ; mais il demande à être employé dans la quin-zaine, après qu'on a retiré les Cuirs : paffé ce temps, ou tout au plus trois femaines, il n'a prefque plus de vertu.

Les paffements rouges n'ont pas befoin d'être couverts comme les paffe-ments blancs (142) ; mais on les entretient toujours pleins, jufqu'à deux pouces des bords, à la différence des blancs, où il fuffit que les peaux foient tout-à-fait trempées.

168. Les paffements rouges commencent à raffermir les Cuirs ; ils les dif-pofent par degrés à prendre la nourriture du tan en foffe. Sans leur fecours, un Cuir furpris en foffe par une nourriture d'abord trop forte, perdroit le gonflement, fe racorniroit, tireroit du grain, & réfifteroit à l'introduction de la partie aftringente & deffîcative du tan, dont il doit être pénétré.

Avantages de la méthode de Valachie.

169. La méthode des Cuirs de Valachie que nous venons d'expofer, eft moins fufceptible des inconvénients du Tonnerre, ou autres caufes qui font tour-ner les paffements ordinaires (159) ; premiérement, parce que ceux de la nouvelle méthode durent moins long-temps, ce qui empêche qu'ils ne foient expofés à un fi grand nombre de viciffitudes ; fecondement, parce que la fermentation eft plus forte, & la compofition plus cuite : il en eft de même des paffements rouges, parce qu'ils font plus forts, conduits par dégrés, faits avec du regros, au lieu que le rouge ordinaire des Tanneurs fe fait avec la poudre de tan.

170. Si cependant il arrive que le paffement ait tourné, alors le Cuir prend du vent, de façon qu'il furnage, & qu'en le preffant il fiffle. On ne fauroit racommoder ce paffement ; le plus court eft de jetter la liqueur pour faire place à un autre, dans lequel on met les Cuirs, après les avoir bien récoulés (16) ; mais le Cuir qui a été ainfi furpris ne fe tanne jamais bien.

Maniere de débourrer les Cuirs de Valachie.

171. Après quelques expériences qui furent faites à Pau en 1748, par M. Guimard, Infpecteur, envoyé par le Confeil, aidé de *M. Ducaffe* neveu, pour éprouver la méthode des Cuirs de Valachie, annoncée par M. Teybert, il fut reconnu qu'on pouvoit épargner les foins & les dangers de l'échauffe-

ment (131), en mettant les peaux avec le poil dans la compoſition uſée ; qui fait tomber le poil ſans riſque ; & avec une telle facilité, qu'un Ouvrier en débourreroit ſix fois plus que de ceux qui feroient échauffés avec du ſel, de la maniere indiquée ci-deſſus.

172. On reconnut auſſi que lorſqu'après la dépilation ou débourrement, on laiſſe *rebattre* ou tremper long-temps les peaux, il eſt dangereux que l'eau ne les pique, c'eſt-à-dire, n'y faſſe de petits trous, qui s'agrandiſſent enſuite dans le paſſement ; il eſt donc néceſſaire, ſuivant ces Meſſieurs, d'abréger la durée que Teybert avoit marquée (144).

173. En faiſant débourrer ainſi les Cuirs dans une vieille compoſition ou dans un paſſement mort, on n'eſt point obligé de le rafer, comme nous l'avions indiqué (147), en ſuppoſant qu'ils n'euſſent été débourrés qu'à l'échauffe.

174. M. Guimard reconnut auſſi que quand les Cuirs ſont prêts à recevoir le gonflement, il eſt inutile de les faire égoutter ; & qu'à chaque fois qu'on releve les Cuirs des paſſements, on fait très-bien de les égayer dans la riviere ; mais il faut qu'on les ait laiſſé refroidir auparavant : car ils feroient ſujets à *tirer du grain*, c'eſt-à-dire, à ſe froncer & à ſe durcir, s'ils étoient ſurpris par l'eau froide, dans le temps que la chaleur les tient ouverts.

Paſſements chauds avec du Son.

175. Le même Inſpecteur ayant fait des expériences à Dax en 1749, ſur la maniere de faire enfler les Cuirs, expoſa dans un Mémoire préſenté à M. de Montaran, Intendant du Commerce, une méthode où il n'employoit que du ſon pour faire les paſſements blancs, & ſupprimoit totalement les paſſements rouges : voici en quoi conſiſte ſon procédé : nous ne craignons point d'être longs en traitant des objets ſi intéreſſants ; ceux qui auront le courage de faire de nouvelles épreuves, feront bien aiſes de connoître en détail celles qui ont été faites.

Deux ou trois jours avant que les Cuirs ſoient aſſez trempés, il faut faire un levain avec de la farine de froment ou de ſeigle, à moins qu'on n'ait du marc de biere. Il ſuffit d'une livre ou cinq quarterons de farine pour chaque Cuir : on tiendra ce levain dans une chaleur modérée, juſqu'à ce qu'il faille l'employer.

176. La veille du jour où l'on ſe propoſera de mettre les Cuirs en gonflement, on en détachera la crotte & les ordures qui tiennent au poil, on les écharnera, & on les mettra dans l'eau : le même ſoir, on fera chauffer la quantité d'eau néceſſaire pour les baigner entiérement : quand cette eau ſera tiede, on l'ôtera de deſſus le feu, on y jettera ſept à huit livres de ſon de froment ou de ſeigle pour chaque Cuir ; on les brouillera enſemble ;

on

on couvrira la chaudiere pour y bien concentrer la chaleur, & on la laiffera fermenter dans cet état jufqu'à ce que le fon foit monté fur l'eau, ce
qui arrivera ordinairement dans la même nuit ; alors on jugera que la fermentation eft fuffifante ; on rincera bien les Cuirs, & tout de fuite fans les
égoutter, on les mettra dans une cuve pour dégourdir avec l'eau & le fon
qui étoient en fermentation dans la chaudiere.

177. Tandis que les Cuirs prendront leur premier degré de chaleur dans
ce paffement, on remettra de l'eau dans la chaudiere pour remplacer celle
que peuvent boire les Cuirs dans leur gonflement, & l'on fera chauffer
cette eau jufqu'à ce qu'elle frémiffe. Quand elle approchera de ce point, on
levera les Cuirs fur le paffement ; & dès que l'eau commencera à frémir, on
en prendra peu à peu pour délayer le levain dont il a été parlé ci-devant
(175), dans un vaiffeau féparé.

Le levain étant délayé bien clair, on le verfe dans le paffement d'où l'on
a levé les Cuirs ; on y furvuide auffi la chaudiere (176), afin de rendre le
paffement un peu plus que tiede ; on y parfeme près d'une livre pour chaque Cuir de fel de morue, c'eft-à-dire, du fel de rebut ou de la plus mauvaife qualité (10), & l'on brouille toute cette compofition ; on replonge
les Cuirs, & l'on recouvre le paffement.

178. Comme le paffement n'a pas befoin d'être d'abord fi plein de compofition, & qu'il fuffit que les Cuirs y plongent, on en retire une certaine
quantité, qu'on remet dans la chaudiere, pour profiter de la chaleur du
fourneau, & pouvoir réchauffer les Cuirs lorfqu'on les relevera fix heures
après.

Si l'on a commencé ce travail le matin, on fera obligé vers le midi, c'eft-
à-dire, fix heures après, de relever les Cuirs, de réchauffer le paffement ;
& après l'avoir brouillé, pour bien mêler la compofition, on replongera
les Cuirs, & l'on recouvrira le paffement.

La même opération doit fe recommencer encore le même jour vers les
fept heures du foir ; le lendemain, & le furlendemain, aux mêmes heures,
il faut relever, réchauffer, brouiller, & couvrir le paffement.

179. Il faut être attentif, en relevant les Cuirs au fecond & troifieme jour,
à voir le temps où le poil veut quitter, pour en faire la dépilation (26 &
171) ; après qu'ils ont été débourrés, on leur donne auffi une légere paffe
fur chair, pour enlever tout ce qui peut y être refté d'inutile ; on les laiffe
tremper un quart-d'heure dans l'eau froide, & on les remet dans le paffement, qu'on a foin de réchauffer plufieurs fois & de couvrir exactement,
jufqu'à ce que le gonflement foit achevé.

180. Il eft facile de faire gonfler les Cuirs en vingt-quatre heures de temps,
fi l'on veut réchauffer la compofition fept à huit fois, au point d'y fouffrir le
bras avec peine ; mais il vaut mieux ménager les Cuirs, y employer trois

jours de temps , & ne réchauffer le paſſement que trois fois le jour graduellement , en allant d'une douce chaleur à une plus forte , & de maniere que
le bras puiſſe réſiſter ſans peine au plus haut degré de chaleur.

181. Si l'on entreprend , en ſuivant cette méthode , de grands paſſements
où il y ait beaucoup de Cuirs , ils conſerveront plus long-temps leur chaleur ;
il ſuffira de réchauffer les paſſements deux fois le jour ; on pourra prolonger
l'opération juſqu'à quatre jours , & il ſera poſſible d'épargner une livre de
ſon par Cuir , c'eſt-à-dire , de n'en employer que ſix livres pour chacun au
lieu de ſept (176).

182. Il y a auſſi une économie à faire ſuccéder de près pluſieurs habillages : dès que le premier gonflement eſt fini , on met d'autres Cuirs dans la
même cuve , ſans lui donner le temps de refroidir , & elle ſuffira pour opérer la fermentation de ces nouveaux Cuirs juſqu'à poil tombant (171).

Ces ſeconds Cuirs ainſi pelés dans un paſſement foible , pourront enſuite
ſe finir en un ou deux réchauffages dans un paſſement neuf , & ce paſſement
neuf ſuffira peut-être à plamer entiérement de troiſiemes Cuirs ; on aura ainſi
produit trois gonflements & plamé trois habillages avec deux compoſitions :
au reſte , il faut conſulter l'expérience avant de ſe livrer à de pareilles
économies.

183. Les Cuirs plamés doivent être bien rincés & laiſſés en eau claire pendant
trois heures , plus ou moins , ſuivant qu'il fera froid ou chaud ; on les met
enſuite en paſſement rouge (165) , ſoit avec de l'eau de vieille écorce , ſoit
avec de l'eau pure & de la nouvelle écorce groſſe comme le doigt , qu'on
leur donne ſucceſſivement & peu à peu. M. Guimard veut qu'on les releve
trois fois dans l'eſpace de trois ou quatre heures , qu'on les laiſſe égoutter
un quart-d'heure , & qu'on les rabatte après avoir bien remué le paſſement.

Paſſements froids avec le Son.

184. Quoique nous ayons détaillé une méthode des paſſements de ſon ,
dans laquelle il faut échauffer pluſieurs fois les cuves (175) , ce n'eſt pas
qu'on ne puiſſe les faire à froid : alors le gonflement peut durer juſqu'à deux
mois ; car la chaleur accélere beaucoup la fermentation : mais il y a des perſonnes qui la croient préjudiciable à la bonté des Cuirs ; peut-être cette
crainte eſt-elle mal fondée. Après avoir fait un levain avec deux livres de farine
de froment ou de ſeigle pour chaque Cuir , on le laiſſe fermenter , puis on
le délaye très-clair avec de l'eau froide , on y plonge les Cuirs en poil. Il
ſuffit de les relever deux ou trois fois par ſemaine , en les laiſſant égoutter
toute la nuit ſur le paſſement : on continue ainſi juſqu'à ce que le poil paroiſſe prêt à quitter.

185. Les Cuirs ayant été pelés , rincés , on leur donne une légere paſſe ſur

chair, on les laiffe égayer deux ou trois heures dans l'eau, & on les remet dans le même paffement pour achever de fe gonfler. Si l'on s'appercevoit qu'un premier paffement ne fût pas fuffifant, il en faudroit faire un fecond pour achever le gonflement ; mais lorfqu'on a eu un premier paffement mort pour faire peler les Cuirs, un feul paffement neuf fuffit pour les faire plamer parfaitement ; ils font déja préparés par le paffement mort qui a fervi à débourrer. Les paffements de fon à froid n'ont pas befoin d'être couverts, comme nous l'avons recommandé en parlant des paffements chauds (178) ; ils peuvent être commodes dans de petites Tanneries de Province, où l'on n'a pas à fouhait des chaudieres & des fourneaux.

186. Ainfi M. Guimard trouve que l'on peut faire avec huit livres de fon pour chaque Cuir, ce que les Tanneurs à l'orge ne font qu'avec cent livres d'orge (118), & ce qui exige trente-fix livres de farine en Valachie (138) : on éviteroit par cette méthode la falaifon des poils, l'échauffement des Cuirs (131) & la dépenfe du bois.

Cuir au Seigle, façon de Tranfilvanie.

187. La Tranfilvanie eft une Province voifine de la Turquie & de l'Allemagne, peu éloignée par conféquent de la Valachie, & où l'on travaille les Cuirs d'une maniere affez femblable à celle que nous avons décrite (129). La différence confifte principalement à employer pour chaque Cuir dix-huit livres de feigle moulu, au lieu de vingt livres d'orge que nous avons dit être néceffaires dans le Cuir de Valachie (140) : de ces dix-huit livres de feigle, on en met dix en premiere compofition, & huit en complément (150).

Le marc du feigle pouvant conferver plus long-temps fa force & fa qualité que celui de l'orge, on n'eft point obligé de le jetter, comme nous avons dit qu'on jettoit le marc de l'orge ; mais on conferve le feigle, même après avoir décanté la liqueur aigre de la premiere compofition, pour conferver ce clair qui doit faire le paffement.

188. Plufieurs Cordonniers ont cru reconnoître que le Cuir au feigle, appellé *Cuir de Tranfilvanie*, étoit meilleur que le Cuir de Valachie (129) ; peut-être en effet l'orge étant plus farineux, fermente autrement que le feigle, & fournit des parties moins fermes & moins folides au Cuir ; par la même raifon qu'on préfere encore dans certains cas le Cuir de Liege, qui n'a fermenté qu'avec de l'eau d'écorce, parce que la fermentation en eft plus dure, pour ainfi dire, ou moins onctueufe, moins laxative, que celle du feigle & de l'orge moulus (240).

189. Dans les Mémoires dreffés en 1708, par M. Desbilletes, je trouve que l'ufage du feigle étoit déja connu en France : voici ce qu'il en dit. Les peaux étant pelées, on les met pour vingt-quatre heures dans la riviere, enfuite

dans une eau à tan qui ne foit pas trop forte , pendant deux heures, les retirant dehors, & les recouchant fort fouvent ; delà on les remet encore dans une autre matiere , dont voici la préparation. On prend un feptier * de feigle moulu , & on verfe deffus de l'eau chaude , remuant bien le tout enfemble jufqu'à ce que cela devienne épais, comme fi c'étoit pour faire du pain : on couvre cette pâte , & on la laiffe travailler ou fermenter comme du levain ; lorfque par-deffus elle fe trouvera un peu blanche & comme moifie, on y verfera encore de l'eau froide pour y pouvoir tremper jufqu'à dix ou douze peaux ; alors il y faut faire coucher ces peaux pendant trois jours ; & quand elles font bien enflées , on les couche dans une eau à tanner avec quantité de tan entre chacune , & il faut les changer d'eau deux ou trois fois dans un efpace d'environ huit mois, qui eft à-peu-près le temps qu'elles fe trouveront bien tannées. Ce détail n'eût pas été fuffifant pour mettre les Tanneurs en état d'opérer avec confiance & avec fûreté ; c'eft pourquoi j'ai été obligé de rapporter les procédés ci-deffus, qui font plus détaillés ; mais ce que je viens de dire fuffit pour faire voir que la méthode qu'on nous a célébrée fous le nom *de Valachie*, étoit Françoife il y a plus de cinquante ans.

D E S C U I R S A L A J U S É E.

190. L'effet que nous avons vu être produit par l'eau de chaux, ou par les eaux aigres d'orge, ou de feigle , pourroit être produit de plufieurs autres manieres, & on en a fans doute effayé plufieurs en différents lieux : celle qui paroît être la plus accréditée & la moins coûteufe, confifte à faire aigrir des eaux d'écorce. On appelle *Cuirs à la jufée*, ceux qui ont été préparés par cette méthode : c'eft du pays de Liege que les Tanneurs François l'ont apprife (c'eft pourquoi l'on dit auffi *Cuirs de Liege*) ; elle fe pratique actuellement dans plufieurs endroits du Royaume, & elle y réuffit parfaitement : la Manufacture de Saint-Germain doit à cette méthode le grand fuccès qu'elle a eu, & l'eftime dont elle jouit encore actuellement (248 & fuiv.).

On appelle fouvent les Cuirs de Liege, *Cuirs à la gifey* ; mais c'eft un terme trop évidemment corrompu, pour qu'on ne doive pas le rectifier : ce mot vient de *jus*, parce que c'eft en effet avec du jus d'écorce qu'on le prépare : on doit donc écrire *jufée*, & non *gifée* ni *gifey*. Au refte, je ne connois encore aucun Auteur dont on puiffe citer l'autorité pour fixer l'incertitude qu'il y a fur l'orthographe de ce mot, & je ne vois aucun ufage affez authentique pour m'empêcher de remonter à l'étymologie : il me paroît même probable que comme un grand nombre des Ouvriers qu'on a employés à ce travail fe font trouvé Suiffes ou Allemands , la prononciation du mot

---

* Le feptier de Paris eft de 12 boiffeaux ; le boiffeau $661\frac{7}{10}$ pouces-cubes.

jufée

jufée a été changée par leur accent en celle de *gifée* : nouvelle raifon pour préférer le terme originaire & naturel de *jufée*.

Maniere de faire quitter le Poil.

191. Pour dépiler ou faire quitter le poil dans les Cuirs à la jufée, on met les Cuirs à l'échauffe, afin de les faire fermenter légérement par une douce chaleur ; on s'y prend pour cela de plufieurs manieres, fuivant les différents lieux où ils fe font.

On entaffe les Cuirs à terre les uns fur les autres, ou de leur long, ou à double ; on les change chaque jour de plis & de côté, & l'on attend ainfi qu'une douce fermentation en déracine le poil, & attendriffe l'épiderme.

192. D'autres accélerent cette putréfaction, en mettant les Cuirs fur des perches, dans une étuve bien fermée, qu'on échauffe avec un feu de tannée, qui ne produit que de la fumée & de la chaleur, fans flamme & fans danger.

Enfin il y a des Tanneurs qui mettent les Cuirs dans du fumier bien chaud ; ce fumier produit l'effet d'une étuve, & donne aux Cuirs le degré de chaleur néceffaire pour la fermentation. Ce moyen paroîtra peut-être trop difpendieux & trop embarraffant ; il eft cependant vrai que ce fumier pouvant fervir enfuite à fa premiere deftination, qui eft celle de l'agriculture, & ne perdant que très-peu de fa qualité par l'ufage que le Tanneur en feroit, il feroit très-poffible de l'employer fans dépenfer beaucoup.

193. On a vu dans la defcription du Cuir à l'orge, qu'on pouvoit faire tomber le poil au moyen d'un paffement mort ou foible (171) : je crois qu'il y auroit de l'avantage à faire la même chofe pour le Cuir à la jufée, en employant les paffements de tannée, dont on trouvera la defcription ci-après (207), lorfqu'ils font prefque ufés.

194. Les Cuirs en poil que l'on tire de l'Amérique, de Buénos-aires ou des Ifles, & qu'on a fait fécher à l'ardeur du Soleil, ont toujours paru très-difficiles à débourrer par l'échauffement, de quelque maniere qu'on s'y prît, & il en réfultoit un déchet confidérable dans la matiere, lorfqu'on vouloit pouffer la fermentation affez loin pour rendre le débourrement facile.

Pour obvier à ces inconvéniens, Meffieurs Duclos, Entrepreneurs de la Tannerie Royale de Lectoure, effayerent de rafer les Cuirs fecs des Ifles, au lieu de les débourrer par l'échauffement.

Cette méthode eft également avantageufe, en l'appliquant aux Cuirs frais & falés, comme aux Cuirs fecs ; on y gagne de toute maniere ; on évite les rifques de la fermentation, dont il eft toujours difficile de faifir exactement le degré ; on épargne le fel, les embarras de l'échauffement, la main d'œuvre, & l'on abrege le travail ; car un Ouvrier peut rafer dix à douze Cuirs

TANNEUR, Q

par jour , tandis qu'il n'en débourreroit que cinq à six par la méthode ordinaire (26 & 27).

Du gonflement des Cuirs à la Jusée.

195. Après qu'on a débourré les Cuirs , on les met dans les cuves où ils
doivent s'enfler pour être disposés au tannage. Le gonflement des Cuirs à la
jusée ou façon de Namur & de Liege , s'opere par le moyen des eaux de
vieille écorce ou des jus de tannée, qui contiennent le reste de la substance
de l'écorce , après qu'elle a servi à tanner des Cuirs en seconde & en troisieme
poudre (85) : ce gonflement n'exige point de feu ; on assure même que la
chaleur lui est contraire (229).

196. Ce jus de tannée ne doit point tenir du *styptique*, c'est-à-dire, de ce
goût âpre & astringent, qui resserre & durcit les Cuirs en fosse, & qu'on
apperçoit très-sensiblement dans l'écorce nouvelle. Lorsque l'écorce a séjourné avec des Cuirs en fosse, elle est disposée à fermenter & à s'aigrir,
comme font en général presque toutes les plantes & les substances animales ;
la qualité styptique cesse dès-lors, & fait place à l'acidité, qui iroit toujours
en augmentant, si l'on n'en retiroit les Cuirs au bout de quelques mois.

197. L'écorce , tant qu'elle est dans son état naturel d'astringent, serre ,
comprime & réunit les parties du Cuir ; mais dès qu'elle tourne à l'aigre ,
elle produit un effet contraire, elle dilate, relâche, gonfle, souleve les
parties du tissu par le mouvement intestin qu'elle y produit, semblable à
celui du pain qui leve, & du vin qui bouillonne, lorsqu'on les expose à une
pareille fermentation.

198. Le Cuir de Liege ne s'accommode pas de toutes les saisons & de
toutes les eaux ; il réussit mal en été ; il exige des eaux pures & vives ; celles
qui sortent immédiatement des rochers y sont très-propres ; l'eau de pluie
n'y est pas bonne.

Enfin , ceux même qui regardent le Cuir de Liege comme le meilleur de
tous les Cuirs , conviennent qu'il est le plus difficile à fabriquer ; il demande
beaucoup de soin , d'intelligence & de capacité ; mais il en est de même de
beaucoup d'autres Arts, leur difficulté n'empêche pas le succès, l'habitude
surmonte tous les obstacles.

199. Pour préparer le jus de tannée, on ramasse la vieille écorce dans laquelle
ont séjourné les Cuirs en seconde ou en troisieme poudre ; (la troisieme est
préférable) ; on puise aussi le liquide qu'elle contient ; on dépose le tout
dans une fosse vuide ou dans un autre grand vaisseau.

La fosse dans laquelle on dépose cette vieille écorce, doit contenir un
puisard ou espece de cheminée, comme on le voit en *G* dans la Planche II ,
pour épurer l'eau : ce puisard est fait avec un encaissement de planches ,

clouées entr'elles, & adoſſées contre les parois de la foſſe : la tannée qui eſt dans la foſſe *F*, n'entre point dans le puiſard *G*, mais ſeulement l'eau qui s'en ſépare ; & l'on eſt à portée de la puiſer librement avec un ſeau, pour la faire ſervir aux Cuirs.

On foule aux pieds cette écorce, on l'abreuve d'eau claire ou d'autre eau de tannée, juſqu'à ce qu'elle ſoit abondamment ſubmergée : on tranſvaſe deux ou trois fois par ſemaine le jus qui s'amaſſe dans le puiſard *G*, pour le verſer ſur la même tannée en *F*, afin que par des filtrations réitérées, le jus devienne de plus en plus fort, & ſe nourriſſe de toute la ſubſtance de la tannée.

Sans avoir la peine de faire un puiſard dans une foſſe, on pourroit ſe contenter de creuſer une eſpece de puits dans la tannée, au fond duquel on puiſeroit l'eau claire qui s'en eſt exprimée, & filtrer enſuite cette eau dans un panier d'oſier, pour l'avoir pure ; mais le puiſard eſt encore plus commode.

200. Pour faire le jus ou l'eau de tan, on emploie du côté de Sédan des cuves qui peuvent contenir quinze poinçons ou muids d'eau, meſure de Bourgogne *, non compris l'écorce : on y jette du tan, moulu gros, & tiré de la foſſe à la ſeconde ou troiſieme écorce : l'eau reſte avec l'écorce pendant ſix mois, quelquefois huit, & il lui faut ce temps-là pour acquérir l'acidité ou l'aigreur convenable pour faire lever les Cuirs.

Lorſque cette eau approche du degré d'acidité où elle peut parvenir ſans être remuée, on leve de l'écorce vers un des parois de la cuve, & l'on y fait comme un puits d'un pied de diametre, qui aille juſqu'au fond de la cuve ; on paſſe une pompe dans ce trou, pour en tirer l'eau qui s'eſt amaſſée au fond de la cuve, ou bien on ſe ſert du puiſard (199) ; on fait repaſſer cette eau ſur l'écorce, juſqu'à ce qu'elle ſoit vive & bonne : ſi l'on s'apperçoit qu'au bout de deux heures elle le ſoit aſſez, on ceſſe ce travail, & on retire toute l'eau pour en faire la *paſſerie* ou le *paſſement*. On dit que l'eau eſt *vive* lorſqu'elle eſt rouge, claire, & acide, comme du beau vinaigre : lorſqu'il ſe trouve deux cuves d'eau de tan, dont l'une eſt plus forte & plus acide que l'autre, on les mêle enſemble, & on les met par-là au même degré.

Lorſqu'on a vuidé l'eau des cuves, on ne perd pas tout-à-fait le tan qui y eſt reſté ; on y remet de l'eau, qu'on laiſſe ſéjourner pendant trois ou quatre jours, & qui après ce temps a aſſez de qualité pour entrer dans les paſſeries : on répete trois ou quatre fois cette opération, en obſervant par degrés de laiſſer l'eau plus long-temps dans cette écorce, pour lui faire jetter toute ſa force, ſa qualité, & ſon acide : ces différentes eaux ſe mêlent avec la premiere dont nous avons parlé, & qui avoit reſté ſix ou huit mois ſur le tan.

---

* Le muid de Bourgogne contient 11520 pouces, & celui de Paris 14400 ; ainſi le muid de Bourgogne eſt quatre cinquiemes de celui de Paris.

Plus on emploie de cuves, plus on a de facilité à faire ces opérations & ces mélanges.

201. Pendant qu'on prépare le jus de tannée, qui doit servir à faire enfler les Cuirs, on fait tremper ceux-ci s'ils font fecs ; on les cramine, tout comme pour les habiller à la chaux (16) ; il faut feulement obferver la derniere fois qu'on les tire de l'eau pour la jufée, de les mettre égoutter fur des perches, pour qu'ils jettent leur eau avant que d'aller à l'échauffe.

Si ce font des Cuirs verds (13), la jufée ne demande pas qu'ils aient ainfi trempé ; mais tandis qu'ils font frais, on leur jette quelques grains de fel du côté de la chair, pour qu'ils s'échauffent plus également & avec moins de danger ; on les plie alors pour les mettre en échauffe ; la fermentation les attendrit & difpofe le poil à quitter (132). Les Cuirs d'Irlande n'ont pas befoin dans l'échauffe d'être autant falés que les autres, parce qu'ils l'ont été dans le pays.

202. Lorfqu'ils ont été débourrés, rincés, écharnés, de la même façon que les Cuirs à la chaux, on les met tremper dans de l'eau la plus fraîche & la plus claire, pendant deux jours en été, quatre ou cinq jours en hyver, en obfervant chaque jour de les mettre égoutter pendant trois heures, & de les changer d'eau : on voit quelquefois ces Cuirs commencer à s'ouvrir, & fe difpofer au gonflement ; c'eft alors qu'on les met en paffement, c'eft-à-dire, dans du jus de tannée, pour favorifer & augmenter ce gonflement : du côté de Sédan l'on emploie huit paffements en été, douze en hyver, & on les augmente par gradation : voici la diftribution que M. Guimard avoit vu pratiquer, & qu'il a rapportée, comme étant juftifiée par l'expérience : on verra ci-après celle de la Manufacture de Saint-Germain (223).

203. Si c'eft en été que l'on travaille, on commence par mettre les Cuirs dans de l'eau de riviere, où il y a feulement une huitieme partie de jus de tannée, pris dans le puifard dont nous avons parlé (199), les autres fept huitiemes étant de l'eau ordinaire.

Le fecond paffement fera de deux huitiemes de jus fur fix huitiemes d'eau de riviere ou de fource ; le troifieme, de trois huitiemes de jus fur cinq huitiemes d'eau ; le quatrieme, de quatre huitiemes de jus fur quatre huitiemes d'eau, c'eft-à-dire, autant de l'un que de l'autre ; le cinquieme, de cinq huitiemes de jus fur trois huitiemes d'eau ; le fixieme, de fix huitiemes de jus fur deux huitiemes d'eau, c'eft-à-dire, un quart ; le feptieme, de fept huitiemes de jus fur un huitieme d'eau ; le huitieme & dernier, de jus tout pur.

Les paffements du printemps & de l'automne devant être au nombre de dix, on commence par ne mettre qu'un dixieme de jus fur neuf dixiemes d'eau dans le premier paffement ; on met deux dixiemes de jus dans le fuivant, & toujours de fuite, en augmentant le jus & diminuant l'eau jufqu'au

dixieme

dixieme paſſement, qui n'eſt fait qu'avec du jus de tannée tout pur.

204. En hyver les paſſements devant être au nombre de douze, on commence par mettre un douzieme ſeulement de jus ſur onze douziemes d'eau commune dans le premier paſſement : pour le ſuivant, on met deux douziemes de jus, & dix douziemes d'eau ; le troiſieme eſt formé de trois douziemes de jus, c'eſt-à-dire, un quart, avec trois quarts d'eau, & ainſi de ſuite, en augmentant graduellement d'un douzieme juſqu'au douzieme & dernier paſſement, qui ſera de jus tout pur.

205. La conduite des paſſements conſiſte à relever les Cuirs matin & ſoir, pour les laiſſer égoutter pendant deux heures, après quoi on les abat dans le paſſement, & on les change chaque jour de paſſement, juſqu'au quatrieme paſſement en été, & juſqu'au ſixieme en hyver ; c'eſt-à-dire, pendant la premiere moitié des paſſements que l'on a à donner.

Depuis ce quatrieme paſſement en été ou le ſixieme en hyver, on ne releve les Cuirs, pour les faire égoutter, qu'une fois par jour, juſqu'à l'avant-dernier paſſement.

206. Lorſque les Cuirs ſont arrivés au pénultieme paſſement, c'eſt-à-dire, au ſeptieme en été, au onzieme en hyver, on ne les releve qu'au bout d'un jour & demi ; & après les avoir laiſſé égoutter pendant deux ou trois heures, on les rabat ; mais on y ajoute pour chaque Cuir une poignée d'écorce neuve, groſſiérement moulue, qu'on jette entre chaque Cuir & celui qui eſt au deſſus.

Les Cuirs étant enfin au dernier paſſement, y reſtent trois ou quatre jours ; & après s'être égouttés trois ou quatre heures, on les abat dans un autre paſſement extraordinaire, compoſé du plus fort jus tout pur, avec trois poignées de nouvelle écorce ſur chaque Cuir ; ils reſtent alors pendant ſix ou huit jours dans ce nouveau paſſement ; au bout de ce temps, ils ſont en état d'être couchés en foſſe, tout comme les Cuirs à la chaux (82).

207. A meſure qu'on recommence à faire paſſer de nouveaux Cuirs, la cuve qui étoit auparavant la premiere ſe vuide, ne pouvant plus ſervir, & la ſeconde devient la premiere ou la plus foible. La cuve que l'on vuide, eſt celle où l'on forme enſuite un nouveau paſſement avec la meilleure eau de tan qui n'a point encore ſervi, & ſe trouve par ce moyen la dixieme & la plus forte de toutes les cuves.

De-là il réſulte que l'eau d'une cuve eſt renouvellée, après avoir ſervi à la préparation de ſoixante & douze Cuirs, mais ſeulement pour une douzieme partie de la préparation totale de chacun.

208. Quoique nous ayons dit que les Cuirs ſe gonfloient dans l'eſpace de douze jours (204), ce terme n'eſt pas toujours fixe, & n'a gueres lieu que dans les mois tempérés de Mai, Juin & Juillet, comme on peut en juger par ce qui a été dit à l'occaſion de la fermentation en général. Il faut quelquefois le double de ce temps-là : on laiſſera pour lors des Cuirs dans chaque

paſſement pendant quarante-huit heures. Dans les temps froids, les eaux ne s'uſent pas ſi vîte, la fermentation eſt plus lente, l'acidité ſe communique plus difficilement : lorſqu'il fait extrêmement chaud, ces eaux s'affoibliſſent, les Cuirs gonflent difficilement, & ſont trop mous, ce qui exige quelquefois de les laiſſer deux jours dans chaque cuve.

209. Le Tanneur eſt obligé d'avoir plus de cuves qu'il n'en veut employer, parce qu'il s'en trouve ſouvent qui ne produiſent pas l'effet qu'on en devoit attendre, qui s'aigriſſent trop peu ou trop vîte ; enfin il y en a qui *tournent* : on a vû la ſignification de ce mot à l'occaſion du Cuir à l'orge, avec la maniere d'empêcher les paſſements de tourner (159) ; on verra bientôt que la chaleur du Soleil ſuffiroit pour les corrompre (235).

210. Nous avons ſuppoſé que, pour commencer une paſſerie, on employoit de l'écorce qui avoit déja ſervi dans la foſſe où l'on tanne les Cuirs ; mais ſi l'on en manquoit, ſoit dans l'établiſſement d'une nouvelle Tannerie, ſoit dans quelqu'autre circonſtance, il y a pluſieurs moyens d'y ſuppléer.

On peut commencer par des paſſements d'orge, de la maniere qui a été expliquée (118) : les Cuirs à l'orge ayant été couchés en foſſe, on aura l'année d'après de la vieille écorce propre à faire les paſſeries de tan ; on ne doit jamais y employer celle qui auroit tanné des Cuirs à la chaux ; mais comme pour faire ces paſſeries, il ne s'agit que de faire aigrir de l'eau d'écorce, c'eſt-à-dire, de lui ôter d'abord l'amertume & la force aſtringente qui lui eſt naturelle, pour la faire paſſer dans un état de fermentation, on peut s'y prendre auſſi de la maniere ſuivante, & ſe paſſer totalement de grain.

211. Ayant rempli les cuves d'écorce groſſiérement moulue, on y verſe de l'eau, qui y ſéjourne pendant ſept à huit jours : cette eau ayant été ſous-tirée, on y en verſe d'autre, que l'on retire également au bout de la huitaine, & l'on recommence ainſi autant de fois qu'il eſt néceſſaire, pour que l'eau ait pris toute l'âcreté & l'amertume de la nouvelle écorce. Alors cette écorce eſt dans l'état où elle ſe ſeroit trouvée au ſortir de la foſſe, après avoir tanné des Cuirs : il ne ſera donc plus queſtion que de remplir la cuve de nouvelle eau, & de l'y laiſſer pendant huit ou dix mois, pour qu'elle ait le temps de fermenter aſſez pour l'uſage de la juſée (200).

212. De même qu'on a vu pour les paſſements d'orge une très-grande variété dans les méthodes, on peut diverſifier auſſi le procédé de la juſée. Il y a des pays où l'on opere tout le gonflement néceſſaire avec cinq paſſements, & où l'on n'emploie que trois cuves. Le premier paſſement eſt appellé *le mort*, parce qu'il eſt ſans force, n'étant compoſé que d'eau pure ſur quatre corbeilles pleines de tannée, c'eſt-à-dire, de la vieille écorce que nous avons dit être deſtinée à faire le jus aigre dont on aura beſoin dans les autres paſſements.

Ce paſſement mort ne ſe fait qu'au moment où l'on veut s'en ſervir, c'eſt-à-dire, quand les peaux font fuffifamment rebattues & ramollies ; on les rince fortement de la queue à la tête, & de la tête à la queue ; puis, fans les faire égoutter, on les rabat dans le mort trois fois le jour, le matin, à midi, & le foir ; on ne les laiffe égoutter qu'un demi-quart d'heure à chaque fois.

213. Le lendemain, on jette le mort, & l'on rabat auffi les Cuirs trois fois, le matin, à midi, & le foir, dans le paffement foible ; on a foin de préparer le *foible* quatre à cinq jours auparavant, avec les trois quarts d'eau & un quart de jus fur fix corbeilles de tannée : les trois égouttements ne durent qu'un quart-d'heure chacun, & le foible n'ayant prefque aucune vertu, on le jette, auffi-bien que le mort, après qu'il a fervi pendant la journée.

La troifieme fois que les Cuirs font égouttés du foible, on les fait paffer en *fort* ; on rabat trois fois le jour dans le paffement fort ; on laiffe égoutter une demi-heure chaque fois, & cela pendant deux jours.

Le *fort* eft un troifieme paffement compofé auffi deux ou trois jours auparavant, avec moitié eau & moitié jus, & fix corbeilles de la tannée dont nous avons parlé (200).

214. Au bout de deux jours, le fort étant épuifé, il faut tranfporter les Cuirs en *plus fort* ; c'eft le quatrieme paffement qui fe compofe avec le clair du fort, c'eft-à-dire, du précédent, & avec l'aigre du puifard, c'eft-à-dire, ce jus qui a été plufieurs fois filtré fur la tannée : on ne mêle point de tannée dans ce quatrieme paffement.

On rabat les Cuirs dans le *plus fort* pendant cinq jours de fuite, & à chaque fois on les laiffe égoutter une demi-heure, & on remue le paffement. Le premier jour, on rabat le matin, en y ajoutant une corbeille de trente-fix livres de gros pour fix Cuirs ; à midi & le foir, on n'y en met point. Le fecond & le troifieme jour, on rabat encore trois fois, & l'on ajoute le matin feulement vingt livres de gros. Le quatrieme jour, on rabat deux fois feulement, & le matin on ajoute auffi vingt livres d'écorce. Le cinquieme jour, après avoir relevé les Cuirs, les avoir laiffé égoutter une demi-heure, & brouillé le paffement, on jettera quelques poignées d'écorce entre les Cuirs, & fur le dernier, jufqu'à la concurrence de quarante livres de groffe écorce, & on laiffera repofer les Cuirs en plus fort huit à neuf jours, fans y toucher.

215. Après que les Cuirs ont repofé dans le *plus fort*, ils font mis dans le cinquieme & dernier paffement, appellé *très-fort*, parce qu'il eft compofé de *tout aigre*, c'eft-à-dire, de ce jus tout pur qu'on retire de la foffe par le puifard (199).

On ne fait ce dernier paffement que lorfqu'on veut l'employer ; on y ajoute pendant trois jours vingt-une livres de gros tous les matins, en abattant les Cuirs ; le foir on les abat auffi, mais fans addition.

Après avoir laiffé les Cuirs pendant trois jours dans le *très-fort*, on les releve, & on les abat le quatrieme jour ; mais auparavant on les laiſſe égoutter pendant trois quarts-d'heure ; deux Ouvriers brouillent alors le paſſement, l'un, de la ſurface juſqu'au milieu, & l'autre, depuis le milieu juſqu'au fond ; & pendant qu'ils rabattent, un troiſieme vient jetter de la tannée entre les Cuirs, environ quarante-huit livres de gros. On laiſſe alors les Cuirs en *très-fort*, ſans y toucher pendant huit jours ; c'eſt leur dernier repos en paſſement.

216. Ceux qui craignent que la fermentation du Cuir de Liege ne ſoit interrompue ou troublée par l'addition de l'eau crue dans les premiers paſſements, recourent à un autre expédient pour s'en paſſer : on n'abreuve d'abord la tannée (199) que juſqu'à ſuffiſance, c'eſt-à-dire, de maniere que l'eau ne la ſurnage pas : au bout de quatre jours de filtration dans le puiſard, on en ôte tout le jus ou l'aigre, & on le réſerve pour le *très-fort* ou cinquieme & dernier paſſement. On abreuve de nouveau la tannée pendant l'eſpace de trois jours ; & après cette ſeconde filtration, on a un ſecond jus, qui ſert au quatrieme paſſement, que nous avons appellé *plus fort*. En réitérant cette opération de ſuite pendant pluſieurs jours, on a à chaque nouvelle filtration un nouveau jus plus affoibli, & qui ſert aux paſſements inférieurs que nous avons appellés le *mort*, le *foible*, & le *fort*.

217. Au reſte, ces précautions ne ſont néceſſaires que pour mettre des paſſements en train, lorſqu'on eſt obligé de commencer *ab ovo* : mais quand on a déja paſſé des Cuirs, chaque paſſement ſe trouve avoir perdu à-peu-près un cinquieme de ſa force, & ſert à former le paſſement qui le précede pour d'autres Cuirs ; ainſi le paſſement qui a ſervi de foible, ſera enſuite employé comme le mort ; le fort deviendra un paſſement foible ; le plus fort ne ſera que le fort ; celui qui vient de ſervir comme très-fort, ſervira la prochaine fois de plus fort, & l'on ne ſera obligé à chaque fois de faire à neuf que le très-fort, qui eſt toujours du plus aigre ou du jus tout pur tiré de la foſſe par le puiſard (199).

218. Lorſqu'on rabat les Cuirs dans les paſſements, il eſt bon d'obſerver que la chair ſoit toujours en deſſus, afin que la fleur, qui eſt la ſurface la plus intéreſſante du Cuir, ſoit la mieux garantie des accidents ; & il faut ſur-tout que le dernier Cuir ait la chair tournée en deſſus, pour ſervir de couverture aux autres Cuirs qui ſont deſſous.

Remarques ſur les Paſſements du Cuir à la Juſée, ou du Cuir de Liege.

219. Il eſt très-bon que les paſſements ſoient enterrés & glaiſés comme les foſſes, afin qu'ils ne ſoient point expoſés aux viciſſitudes de l'air ; ils ſe conſerveront mieux, & les Ouvriers y travailleront avec plus de facilité ; c'eſt ce qu'on a pratiqué dans la Manufacture de Saint-Germain.

On

On eſt auſſi dans l'uſage de retirer les Cuirs après quelques jours de paſſement, pour les examiner & les repaſſer du côté de la chair, & on les raſe
de fleur avec un troiſieme coûteau très-tranchant, pour achever d'ôter ce
qui peut y reſter de bourre ; alors on les remet dans l'eau pour les rafraîchir,
& delà dans les autres paſſements, pour y achever de prendre l'épaiſſeur
convenable.

220. On connoît à la fleur ſi un Cuir de Liege eſt bien paſſé, & s'il peut
être couché en foſſe ; il faut que la fleur ſoit blanchâtre ou couleur de cendre : tant qu'elle eſt jaunâtre, c'eſt une preuve que le Cuir a encore beſoin
des paſſements ; dans ce cas, on doit faire encore un ou deux paſſements de
plus en plus forts, en obſervant les repos dont les Cuirs peuvent avoir
beſoin.

221. La même force de paſſement ne ſuffit pas pour faire enfler toute
ſorte de Cuirs ; celui d'un Bœuf de quatre ans eſt moins dur que celui d'un
vieux Bœuf, qui a été endurci par l'âge & le travail : les Tanneurs qui mettent enſemble & dans un même paſſement tous les Cuirs qu'ils achetent
indiſtinctement, ſont donc expoſés à en avoir pluſieurs qui ne ſeront pas
bien tannés, parce qu'ils n'auront pas aſſez enflé dans les paſſeries : le travail
de la foſſe ne ſauroit ſuppléer à celui des paſſements ; ce ſeroit inutilement
que des Cuirs reſteroient long-temps en foſſe, s'ils n'avoient pas été aſſez
long-temps dans le paſſement, pour s'ouvrir & ſe préparer à recevoir le
tan : une ſurface dure & compacte s'oppoſeroit alors à l'action de cette écorce ;
ainſi l'on doit préparer par un paſſement continué auſſi long-temps qu'il eſt
néceſſaire, les Cuirs que l'on ſe propoſe de laiſſer long-temps en foſſe, pour
leur donner une qualité ſupérieure.

222. Si l'on avoit un moyen de faire enfler les gros Cuirs de vieux Bœufs
auſſi parfaitement que ceux des jeunes Bœufs, on ſeroit ſûr alors, qu'en laiſſant ces vieux Cuirs en foſſe plus long-temps que les autres, on leur donneroit auſſi à proportion une qualité ſupérieure ; mais c'eſt ici un des plus grands
inconvéniens de la Tannerie ; les Cuirs les plus forts ſont ceux qui s'enflent
le plus difficilement, & par conſéquent les moins bons, à proportion de ce
qu'ils devroient être. Nous ferons dans la ſuite quelques remarques ſur la
nature & les qualités du Cuir à la juſée (237).

Autre méthode pour gouverner les Paſſements du Cuir à la Juſée.

223. La diſtribution & le nombre des paſſements de la juſée étant aſſez
variable & aſſez arbitraire, je ne dois pas m'arrêter aux détails que je viens
d'en donner ; la maniere dont on l'emploie à Saint-Germain eſt aſſez ſimple,
juſtifiée déja par une aſſez longue expérience ; je crois qu'il ſera utile de la
rapporter ici ; le Lecteur qui voudra profiter de ma deſcription pour faire

des expériences utiles , jugera des différences de ces deux pratiques. On emploie communément douze paſſements , dont les deux derniers ſont des paſſements *neufs* ; les dix premiers ſont des paſſements *courants* , qui ont déja ſervi : chacun de ces paſſements contient douze Cuirs & huit muids d'eau , ayant quatre pieds & demi de profondeur , & autant de diametre.

224. Les Cuirs ayant été raſés & lavés , ſe mettent dans le premier paſſe-ment , qui eſt le plus foible de tous ; la ſaveur de ce liquide n'a preſque pas d'acidité , lorſqu'on en met ſur la langue ; il eſt ſeulement un peu âpre ; mais il eſt ſuffiſant pour diſpoſer les Cuirs à paſſer dans un paſſement plus aigre ; il ne faut pas que les Cuirs ſoient ſurpris par l'acide , avant que la fermentation ait commencé à s'y établir ; ils ſe criſperoient & ſe reſſerreroient trop.

225. Au bout de vingt-quatre heures , on leve ces douze Cuirs , on les laiſſe égoutter pendant une demi-heure , ou pendant le temps qu'il faut pour lever auſſi les autres paſſements ; car le temps eſt indifférent : on les rabat dans un ſecond paſſement plus fort , & l'on jette l'eau du précédent , qui ayant ſervi dix fois n'eſt plus bon à rien.

226. Le ſecond paſſement , quoiqu'un peu plus fort que le premier , parce qu'il a un jour de moins de ſervice , n'a cependant ſur la langue aucune aci-dité ſenſible ; mais on continue les jours ſuivants d'avancer les Cuirs d'un paſ-ſement à l'autre , c'eſt-à-dire , de plus en plus fort ; on releve les douze Cuirs tous les matins , & on les rabat dans le paſſement ſuivant.

Les dix paſſements que ces Cuirs parcourent ainſi en dix jours , s'appellent *paſſements courants* , pour les diſtinguer des *paſſements de repos* dont nous allons parler , qui ſont des paſſements neufs , & où les Cuirs reſtent pendant dix jours ; mais avant de parler des paſſements neufs , il faut parler des foſſes aigres qu'on emploie pour les faire.

227. On a à Saint-Germain cinq foſſes aigres , ſemblables à celles où l'on couche les Cuirs pour ſe tanner , mais qui ſont à couvert dans la tannerie ; nous les diſtinguerons par les numéros 1 , 2 , 3 , 4 & 5 , en appellant 1 la plus foible , & 5 la meilleure & la plus forte : on leve des Cuirs à la juſée de troiſieme poudre (85) , & l'on tranſporte toute la tannée qu'on en a tirée dans la cinquieme foſſe aigre ; on y conduit de l'eau fraîche de ſource , par le moyen d'un robinet & d'une cheminée ou gouttiere de bois , qu'on étend depuis le robinet juſqu'à la foſſe : cette eau ſe filtre ſur la tannée , & arrive peu à peu dans le puiſard qui eſt dans un coin de la foſſe , où on la puiſe au bout de trois jours ou davantage : il y a de quoi faire quatre paſſements de repos dans l'eau de cette foſſe.

228. Lorſque la tannée de cette foſſe aigre a épuiſé ſa force dans la pre-miere eau qui y a paſſé , on y fait venir de nouvelle eau , qui en repaſſant deſſus cette tannée s'aigrit , & forme une foſſe aigre plus foible , que nous appellerons *premiere* & *ſeconde* ; ce ſont les dernieres ou les moindres des

cinq : les foſſes moyennes, que nous appellons *trois* & *quatre*, ſont formées par cette ſeconde eau des foſſes une & deux, que l'on verſe ſur une tannée qui a déja fourni une premiere eau pour quatre paſſements, comme je viens de le dire (227) ; au lieu d'y faire venir de l'eau de ſource, on y verſe l'eau des foſſes une & deux, qui en repaſſant encore une fois ou deux ſur cette foſſe aigre, quoique déja épuiſée, ſe fortifie, & ſert à faire ſucceſſivement les deux foſſes moyennes, ſavoir, les numéros 3 & 4 ; ainſi les nu-méros 1 & 2, ſont compoſés d'eau de ſource, qui arrive ſur une tannée qui a déja fourni ſes paſſements neufs ; les numéros 3 & 4, ſont formés par cette même eau, verſée ſur une ou ſur deux autres tannées pareilles, pour prendre le reſte de la force de ces tannées : enfin le numéro 5 eſt la premiere eau de cette tannée, la plus aigre, la plus propre à faire les paſſements neufs.

229. Les foſſes trois & quatre ſervent à faire le premier paſſement de re-pos ; les foſſes une & deux ſervent à arroſer les autres ; la cinquieme ſert à faire ſeule le meilleur paſſement ; ainſi il faut avoir tiré huit paſſements d'une foſſe aigre, pour qu'elle ſoit épuiſée & hors de ſervice.

230. Pour faire un premier paſſement neuf ou paſſement de repos, non-ſeulement on prend quelques muids d'eau aigre, mais pour les douze Cuirs on y ajoute ſix corbeilles, d'environ quarante livres chacune, de groſſe écorce, c'eſt-à-dire, vingt livres pour chaque Cuir. Afin d'avoir cette groſſe écorce, on paſſe le tan par un crible pour en ôter la poudre d'écorce, & il ne reſte que celle qui eſt en petits bâtons, longs d'un, deux, trois pouces, & même quatre ; cette écorce qu'on met dans le paſſement de repos, lui fournit de la force pour perſévérer pendant dix jours dans l'état d'acidité dont on a beſoin pour faire renfler les Cuirs. Dans quelques pays où l'on met les Cuirs en quatrieme poudre pendant ſix ſemaines, cette quatrieme poudre ayant plus de force, ſuffit pour faire les paſſements neufs, ſans y ajouter de l'écorce neuve.

231. On met également ſix corbeilles de groſſe écorce dans le ſecond paſ-ſement de repos, quoiqu'il ſoit un peu plus fort que le premier, parce qu'il a été fait avec les eaux de la cinquieme foſſe aigre ; les Cuirs y reſtent auſſi environ dix jours, comme dans le premier, après quoi ils ſont en état d'être couchés en foſſe (77) ; on les y met avec toute l'humidité qu'ils ont con-tractée dans les paſſements de repos : quelques perſonnes croient qu'il im-porte de les y faire paſſer promptement, pour qu'ils n'aient pas le temps de perdre dans l'intervalle le gonflement & l'épaiſſeur qu'ils ont acquiſe par la fermentation de ces divers paſſements ; quelquefois on arroſe encore la foſſe avec l'eau des foſſes aigres ou des paſſements, pour que les Cuirs con-ſervent, le plus long-temps qu'il eſt poſſible, cet état de dilatation.

232. Lorſqu'en hyver la fermentation eſt difficile à ſe faire, on eſt obligé

de paffer les Cuirs dans un plus grand nombre de paffements courants , il en faut quelquefois jufqu'à vingt avant qu'ils aient acquis la difpofition convenable pour être mis dans le paffement de repos ; il faut qu'ils foient un peu avancés pour y entrer : fi l'on y mettoit les Cuirs trop *blancs* , l'acidité de ces paffements de repos les furprendroit , les crifperoit , & leur donneroit du grain , au lieu de les enfler , de les dilater , de les diftendre.

Quelquefois même après les paffements courants , on eft obligé de faire un paffement de paffage , qui tient le milieu entre ceux-ci & les paffements de repos , & qui eft compofé de moitié d'eau aigre , moitié d'eau pure , & de trois corbeilles feulement de groffe écorce. Au contraire, quand les Cuirs ont été échauffés avant de venir à la tannerie , on les fait aller plus vîte ; on ne leur donne que quatre à cinq paffements courants.

233. Les paffements courants craignent beaucoup la chaleur ; on eft obligé de fermer exactement la tannerie en été pendant le jour , pour la défendre de la chaleur ; on l'ouvre après le foleil couché , pour y recevoir la fraîcheur de la nuit , & l'on y fait couler l'eau d'un ruiffeau voifin pour la rafraîchir encore davantage : on prend plus de précaution dans les paffements du Cuir à la jufée , que dans ceux du Cuir à l'orge (114).

234. Lorfqu'on voit que les Cuirs n'avancent pas , & n'augmentent point affez en épaiffeur , on les fait aller plus vîte , c'eft-à-dire , dans des paffements plus fréquents & plus forts , ou bien on les laiffe plus long-temps dans chacun , quelquefois deux jours au lieu d'un.

235. Si l'endroit où font ces paffements , étoit trop chaud , ils tendroient à la décompofition , à la putréfaction ; ils tourneroient (159) ; on les verroit filer ; le Cuir s'y ramolliroit & y deviendroit plus mince , au lieu d'y acquérir de l'épaiffeur & de la qualité.

236. Lorfqu'on retire les Cuirs du premier paffement , qui eft un paffement mort , on le vuide ; on jette le liquide qu'il contenoit , en mettant à part la vieille écorce , qui ne fert plus qu'à brûler ; on lave le paffement , & l'on y met une eau aigre pour y former le paffement neuf (230).

Un paffement mort qui eft ufé , où par conféquent toute fermentation eft éteinte , doit donner de l'eau claire , s'il eft de bonne qualité ; on connoît même à cette marque fi le Cuir y a bien profité ; la fermentation eft éteinte dans ce fluide , parce que l'alkali des matieres animales y a faturé l'acide du paffement (160) ; ainfi la liqueur ne doit pas être trouble , comme le font ordinairement les matieres qui fermentent.

Remarques fur les Cuirs à la Jufée.

237. Lorsqu'on fait tanner des Cuirs à la jufée , on trouve que les Cuirs emploient un peu plus d'écorce que les Cuirs à l'orge ; premiérement , à

caufe

cause des paſſements de repos, où l'on met quarante livres d'écorce pour chaque Cuir (230) ; ſecondement, parce que les Cuirs à la juſée ſont plus long-temps en foſſe que les Cuirs à l'orge & à la chaux, & qu'il y faut plus de tan, on eſtime à la Manufacture de Saint-Germain qu'il faut entre deux cents vingt & deux cents cinquante livres d'écorce pour chaque Cuir à la juſée : les Cuirs qui étant paſſés à l'orge en exigeroient deux cents vingt-cinq (art. 89), ſont ceux qui à la juſée en prennent deux cents cinquante.

238. Le Cuir à la juſée ſe vend à Saint-Germain de vingt à vingt-cinq ſous la livre. Au reſte, nous parlerons plus au long du prix & du commerce des Cuirs, des frais de leur préparation, & du produit des Tanneries.

239. Le Cuir à la juſée a ſur-tout beſoin d'être extrêmement battu, même avec des marteaux de fer & de fonte, & à bras raccourcis : on a éprouvé qu'il y a une différence étonnante entre la durée & la bonté des ſemelles d'un même Cuir battu, & celles que le Cordonnier n'aura pas eu la patience de battre. A Bâle en Suiſſe, on fait du Cuir qui eſt moins denſe & moins ſerré que le nôtre ; mais on le bat avec des marteaux de cuivre avec beaucoup de force. Comme les Cordonniers n'en prennent pas toujours la peine, il ſeroit à ſouhaiter que les Tanneurs & les Corroyeurs euſſent le ſoin de battre eux-mêmes ces ſortes de Cuirs (107).

240. Les Cuirs ſecs du Bréſil, qu'on appelle *ſecs à poil*, réuſſiſſent quelquefois aſſez mal à la juſée ; ils ſont trop durs, difficiles à ramollir, à enfler, & ils ſont trop coutelés du côté de la chair : cela vient du peu de ſoin qu'on prend à les deshabiller en Amérique, où l'on ne veut autre choſe que du profit & du repos, ſans s'embarraſſer de la qualité ni du bien de la choſe. Dans un pays où l'on coupe un arbre pour en cueillir le fruit, où l'on tue des Bœufs ſeulement pour en avoir le Cuir, il ne faut pas s'étonner de cette extrême négligence.

241. Les Cuirs d'Irlande ont auſſi trop de coutelures, ſans doute parce qu'on ne les deshabille pas avec aſſez de ſoin (280).

242. Les Cuirs qu'on préfere pour être paſſés à la juſée, ſont ceux des Bœufs du Limouſin, qui ſont nourris à la rave, & qui ne ſont engraiſſés qu'après avoir travaillé ; ils n'ont pas beaucoup de ſuif, & leurs Cuirs ont plus de fermeté que ceux des Provinces où l'on éleve les Bœufs ſeulement pour les engraiſſer. Nous parlerons bientôt de l'avantage qu'il y auroit à préférer cette méthode des Cuirs à la juſée (248).

Du gonflement opéré par la levure de Biere.

243. EN voyant que l'orge, le ſeigle, le ſon, l'écorce, en tant que liqueurs aigres & propres à la fermentation, faiſoient preſque également enfler les Cuirs, il étoit naturel de penſer que toute autre liqueur aigre, telle que

la levure de biere, produiroit auffi le gonflement des Cuirs. M. Guimard, Infpecteur, qui travailloit à Corbeil avec M. Teybert, affura qu'en effet elle lui avoit parfaitement réuffi dans des expériences faites en 1749 : il eft probable que les parties fpiritueufes que le marc de biere contient, & le mélange même du houblon, lui donnent une très-bonne qualité ; auffi les Boulangers le préferent-ils fouvent pour faire lever leur pain. C'eft à M. de Montaran, Intendant du Commerce, qu'on a eu l'obligation de cette idée heureufe, qui doit épargner de la dépenfe & des foins, parce que le marc de biere eft une matiere inutile à tout autre ufage, & propre néanmoins à produire une très-bonne fermentation.

Pour avoir une idée de la nature de la biere, & de l'ufage qu'on en fait ici, il faut confulter la defcription que M. Macquer a donnée du travail de la biere, dans le fecond volume de fes *Eléments de Chymie-Pratique*, page 235, édition de 1751 ; defcription qu'il attribue à M. Boerrhave.

244. On prend du marc de biere tout chaud, fortant de la chaudiere, on le met fermenter en paffement couvert, c'eft-à-dire, dans une cuve d'eau toute pure ; quand il eft à fon plus haut degré de fermentation, on y parfeme du fel, on y plonge les Cuirs qui ont été bien trempés, décrottés, & décharnés ; on réchauffe ce paffement, & on releve les Cuirs à plufieurs reprifes différentes, jufqu'à ce qu'ils foient fuffifamment plamés : la conduite des paffements de biere eft la même que celle de l'orge ou du fon (175).

On peut également faire ces paffements de biere à froid, ainfi que nous l'avons dit des paffements de fon à froid (184).

Comparaifon des méthodes précédentes, & avantages du Cuir à la jufée.

245. L'usage feul devroit, ce femble, décider de la préférence entre les différentes méthodes de préparer le Cuir ; & quoiqu'on n'ait pas fait des expériences bien précifes à ce fujet, l'ufage me femble avoir décidé pour le Cuir de Liege (248), & en fecond ordre pour le Cuir à l'orge (114) ; cependant la méthode du Cuir à la chaux eft fi ancienne, & beaucoup de Tanneurs y font tellement attachés, qu'ils la croient encore préférable. Dans les informations qui furent prifes par les Infpecteurs, & rapportées au Bureau du Commerce en 1746, les Tanneurs de Montreau & de Pontoife attefterent que, quoiqu'ils fe ferviffent de l'orge, cependant ils croyoient la chaux préférable : ceux de Poligny & de S. Claude en Franche-Comté, affurerent que l'orge rendoit le Cuir fpongieux & caffant, & qu'elle en defféchoit les nerfs. Ces objections furent probablement l'effet du préjugé ; car par-tout ailleurs les Cuirs à l'orge paffent généralement pour être meilleurs que les Cuirs à la chaux.

246. Quelques-uns ont affuré qu'on devroit mettre une diftinction dans la fabrication & la vente des Cuirs ; ne vendre pour l'hyver que des Cuirs à la chaux , tannés pendant long-temps , & donner pour l'été du Cuir à l'orge légérement tanné : on éviteroit ainfi , difent-ils , les plaintes que le Particulier fait au Cordonnier , & le Cordonnier au Tanneur ; tantôt que fes foulliers fe font brûlés au mois d'Août en paffant le Pont neuf ; une autre fois , que deux heures de pluie les ont abreuvés fans reffource pour tout l'hyver : peut-être cette différence a lieu entre le Cuir à l'orge & le Cuir à la jufée ; mais à l'égard de la chaux , nous croyons qu'on devroit généralement la profcrire.

247. Les Cuirs trop minces , & qui ont peu de fubftance , ceux des Bœufs ruinés pas le travail ou defféchés par la vieilleffe , ne réuffiffent pas auffi-bien en *Liege* , c'eft-à-dire , à la jufée , que dans les paffements d'orge en façon de Tranfylvanie & de Valachie (129) ; toutes peuvent s'employer , parce que la fermentation douce & onctueufe de la pâte d'orge ou de feigle , les attendrit , les pénetre , les nourrit , & fait paroître avec avantage des peaux , qui feroient rebutées fi elles euffent été en Liege. C'eft auffi pour cela qu'il fut propofé au mois d'Avril 1746 , de faire à Corbeil les premieres épreuves de M. Teybert fur des peaux ingrattes , pour mieux appercevoir l'avantage de la méthode.

248. Des Tanneurs qui ont appris l'habillage du Cuir , façon de Liege , dans le pays de la Meufe , affurent qu'il eft autant au-deffus du Cuir à l'orge , que celui-ci eft fupérieur au Cuir à la chaux , & que le Public tireroit un bien meilleur fervice du Cuir à la jufée que de tout autre , parce que dans fa préparation il n'entre ni chaux , ni aucun ingrédient qui en altere la qualité : la réputation générale qu'ils ont eue dans toute l'Europe , femble prouver la même chofe. Par un Verbal des Tanneurs de Bretagne , fait le 19 Octobre 1756 , il paroît que tous étoient perfuadés que la préparation du Cuir à la jufée étoit préférable à celle de la chaux ; mais la plupart n'ofoient l'entreprendre avant que les Tanneurs de Paris & des Provinces voifines de la Capitale leur en euffent donné l'exemple.

249. Le Cuir à la jufée paffe pour être très-bon en efcarpins dans des temps & des pays fecs ; mais beaucoup de gens difent en France qu'il n'eft pas fi bon pour être porté à l'eau que le Cuir à l'orge ; cela vient de la préférence que chacun donne à fa maniere de travailler : le Cuir à la jufée eft peu ufité en France quant à préfent , ainfi il peut bien , par cette feule raifon , trouver des détracteurs. Au refte , fi l'on en appelle au raifonnement , on peut très-bien concevoir que ce Cuir préparé avec une matiere aftringente , doit être meilleur que le Cuir préparé avec des fubftances farineufes , onctueufes , & émollientes (188) , telles que l'orge & le feigle ; ainfi je crois que , fuivant la phyfique de cette opération , le Cuir à la jufée doit être le meilleur.

250. Enfin cette préparation des Cuirs eft la moins coûteufe , puifqu'elle

ne demande autre chofe que la vieille écorce, incapable de fervir à autre ufage qu'à fumer les terres ou à brûler ; & il importe au bien public de l'établir par préférence à toute autre , à caufe de la confommation de grains qu'exige le Cuir à l'orge : auffi M. Doublet de Perfan, lorfqu'il étoit Intendant du Commerce, fit des efforts confidérables pour l'établir , & l'on doit fouhaiter que cette méthode prévale enfin par-tout.

Je ne puis m'empêcher de rapporter à cette occafion un fait qui prouve bien la réputation des Cuirs à la jufée : une perfonne en place & très-digne de foi, m'a affuré que lorfqu'on parla de l'établiffement des Cuirs de Liege, les Cordonniers de Paris, très-perfuadés que la confommation alloit diminuer , furent très-allarmés , & employerent beaucoup de follicitations pour arrêter cette innovation ; preuve du grand cas qu'ils faifoient de cette forte de Cuir , & de la crainte qu'ils avoient de voir renouveller trop rarement les befoins du Public à l'avenir.

251. Tout ce qu'on a objecté à cette méthode , c'eft qu'elle demande une extrême attention , & qu'elle manque fouvent par les feules viciffitudes de l'air : d'ailleurs elle exige, dit-on, des eaux qui lui conviennent, comme celles de la Meufe , & elle ne réuffiroit pas également par-tout ; cependant les eaux vives qui defcendent des Montagnes du Dauphiné & de l'Auvergne, devroient être , ce femble, de la même qualité ou à-peu-près : la fontaine de la Manufacture de Saint-Germain réuffit à merveille , & l'on n'y apperçoit pas de ces pertes fréquentes qu'on a prétendu avoir lieu dans les Cuirs à la jufée.

Il fe forma en 1749 à Bayonne un établiffement , qui fut autorifé par des Lettres-Patentes du 16 Mai 1749 , pour la préparation des Cuirs forts à la façon d'Angleterre , Liege & Namur : cette Manufacture eut du fuccès , & les Efpagnols donnoient la préférence à fes Cuirs fur ceux même d'Angleterre qu'ils avoient coutume de tirer.

Ce fuccès encouragea Meffieurs *Duclos*, Négociants à Touloufe en 1751, à former une femblable Manufacture à Lectoure , dans un emplacement qu'ils avoient à l'un des Fauxbourgs, appellé Idronne ; ils obtinrent du Roi l'emplacement d'un ancien baftion & d'un angle faillant, inutiles aux fortifications, & les Habitans de Lectoure leur donnerent la garde & l'ufage d'une fontaine publique : ils obtinrent par un Arrêt du Confeil, du 2 Avril 1754 , le titre de Manufacture Royale ; leurs Contre-maîtres, leurs Ouvriers étrangers , & deux principaux Ouvriers François, furent exemptés pour vingt-cinq ans de la milice : il fut ordonné que les Cuirs qu'ils feroient venir de l'étranger, feroient exempts de tous droits d'entrée, & que les Cuirs par eux manufacturés & exportés dans l'étranger, feroient exempts de tous droits de fortie. Enfin tout le monde connoît la grande Manufacture de Saint-Germain, qui foutient avec le plus grand fuccès la fabrication du Cuir à la jufée, & qui en prouve la bonté.

252,

252. Après qu'on eut commencé en 1746 à travailler à Corbeil dans les principes de Teybert, par ordre du Miniftre, les Maîtres Cordonniers de Paris furent invités à faire l'examen des nouveaux Cuirs : on en tranfporta vingt à la Halle aux Draps, où dix Cordonniers s'affemblerent, & par une délibération du 1 Septembre 1747, convinrent de ce qui fuit.

1o. Que les fix Cuirs, appellés par Teybert *façon de Tranfylvanie*, étoient bons, très-bien façonnés, & les meilleurs de la partie.

2°. Que parmi les quatorze autres, *façon de Valachie*, il y en avoit fept bons, & fept dont la défectuofité venoit de la qualité des peaux, & non du tannage, qui étoit parfait.

3°. Que le Cuir de Liege leur paroiffoit en général être préférable au Valachie, parce que plus le premier eft porté, plus il durcit; au lieu que le Cuir de Valachie eft creux, & ne gagne pas à être gardé.

4°. Que le Tranfylvanie paroiffoit avoir le mérite du Cuir de Liege ; mais que les apparences étant fouvent trompeufes, il falloit s'en rapporter à *l'ufé*, c'eft-à-dire, à l'expérience.

253. Le Cuir à la jufée n'eft pas en général auffi épais que les Cuirs à l'orge; les Ouvriers qui ne font pas inftruits de cette différence, & qui croiroient que l'épaiffeur du Cuir en fait le mérite, feroient trompés en le voyant : ce Cuir à la jufée eft le plus doux ; on peut rouler un Cuir entier comme une Vache à œuvre ; il peut être battu à difcrétion, & il doit l'être néceffairement ; il n'en acquiert que plus de fermeté, & il ne s'étend jamais fous le marteau : on coupe une piece, de figure quelconque, dans le milieu d'un Cuir de Liege, on la frappe à grands coups de maffe ; elle devient plus mince, mais elle conferve la même largeur, & rentre exactement dans la place d'où elle avoit été tirée, ce que ne feroit pas un morceau de Cuir paffé à l'orge ou à la chaux.

254. Le Cuir à la chaux fe reconnoît même après qu'il a été tanné, par une couleur noirâtre du côté de la fleur, rouge du côté de la chair, & rouffâtre dans la tranche. Le Cuir à l'orge a une couleur ardoifée du côté de la fleur, blanchâtre du côté de la chair & à la coupe.

CUIR AU SIPPAGE OU A LA DANOISE.

255. Cette méthode du *fippage*, qui eft pratiquée en plufieurs endroits, & particuliérement en Bretagne, confifte à tanner les Cuirs en deux mois de temps, en les coufant tout autour, & les rempliffant d'écorce. Après que les Cuirs verds font défaignés, les Cuirs fecs détrempés, amollis & défalés, s'il eft néceffaire, on leur donne un plein neuf pour leur faire quitter le poil ; un mois fuffit pour cela ; on débourre les Cuirs, on les décharne, on les travaille de riviere, & on les met en rouge comme les Cuirs à l'orge (127, 158, 165).

TANNEUR. V

256. Quand les Cuirs ont pris le rouge, il s'agit de les tanner ; pour cela on les coud tout autour comme des facs ou des outres ; en réfervant feulement un côté, par lequel on les remplit d'écorce & d'eau ; on acheve de les coudre ; après qu'ils font fermés ; on les bat avec force, pour que l'écorce fe diftribue également par-tout ; on les met dans des *nauffes* ou foffes remplies de bonne eau tannée, de maniere que les Cuirs foient fubmergés, & qu'ils ne noirciffent point.

257. Les *nauffes* ont huit à dix pieds de long fur quatre pieds de large & autant de profondeur : lorfque les Cuirs y font plongés, on les charge fortement avec des planches & des pierres, pour forcer le jus d'écorce qui y eft renfermé à pénétrer plus promptement & plus fortement ; & de peur qu'il n'y ait des côtés où la preffion faffe plus d'effort, & où conféquemment le Cuir tanneroit plus vîte, on retourne les Cuirs trois ou quatre fois par femaine, & l'on a foin de les battre à chaque fois ; par ce moyen les Cuirs fe trouvent tannés dans l'efpace de deux mois, & avec une feule écorce : il faut convenir cependant que cette écorce unique équivaut à-peu-près aux trois que l'on emploie dans la méthode ordinaire, lorfqu'on couche les Cuirs en foffe.

258. Le Cuir au fippage eft plus mince que le Cuir tanné en foffe, parce qu'il eft moins préparé par le gonflement, & que le poids dont on le charge étend & dilate fans ceffe le Cuir, ce qui augmente l'étendue aux dépens de l'épaiffeur ; il eft plus fouple, plus pliant que le Cuir ordinaire, à-peu-près comme le baudrier ou Cuir à œuvre (260) ; il a la couleur de l'empeigne, c'eft-à-dire, une couleur plus claire que le Cuir fort ; mais on peut le rembrunir avec une eau de chaux après qu'il eft tanné.

259. Dans le feul Bourg de *Locminé* en Bretagne, il y a plus de quarante Tanneurs ; prefque tous font du Cuir fort au fippage, qu'ils tannent en deux ou trois mois : il y a auffi vingt-huit Tanneurs à *Pontivy*, qui font également du Cuir au fippage, & ils appellent cela *tanner à la Danoife* : on remarquera dans la defcription du Cuir à œuvre, que cette méthode y feroit beaucoup meilleure que pour le Cuir fort, & qu'elle a beaucoup de rapport avec les coudrements (267) & le refaifage (268) ; il y a même des Provinces où l'on travaille au fippage le Cuir à œuvre (262) : enfin cette méthode a du rapport avec la méthode des Tanneurs Anglois (95) ; ainfi l'on ne doit pas la profcrire, mais chercher à la perfectionner, en l'employant avec plus de foin qu'on ne le fait actuellement, en la faifant durer plus long-temps, & en faifant mieux enfler les Cuirs qu'on veut fipper.

DES CUIRS A ŒUVRE.

260. Les Cuirs de Vaches ou de petits Bœufs, qui font moins propres à

être travaillés en fort (1), servent à faire les secondes semeles , les souliers de femmes , les empeignes , & autres ouvrages moins durs que ceux où l'on emploie les Cuirs forts : les peaux de Vaches sont plus serrées que celles des Bœufs , & si elles étoient assez épaisses on les préféreroit ; mais ordinairement elles servent à faire le Cuir foible : les peaux de Bœufs qui sont trop minces passent avec les Cuirs de Vaches.

261. On appelle à Paris *Cuir à œuvre* ces Cuirs minces , parce que chez les Corroyeurs , on les met en œuvre de plusieurs façons , au lieu que les Cuirs forts ne font pas susceptibles de tant de formes différentes : d'autres appellent *Baudrier* , & en Dauphiné *Brigady* , un Cuir mince & serré , bien tanné , propre à faire des semelles d'escarpins ; dans d'autres Provinces, on les appelle du *Semelin*.

Le *Baudrier* se met dans les pleins , pendant la moitié du temps que le Cuir fort y séjourne , en commençant par des pleins morts , comme on l'a vu (20). On ne met point à la jusée les Cuirs à œuvre , même dans les Manufactures où cette méthode est usitée pour les Cuirs forts. Au sortir des pleins , le *Baudrier* se travaille de riviere plusieurs fois (37) , c'est-à-dire , qu'on l'écharne & qu'on le récoule fortement sur le chevalet de chair & de fleur , à quatre ou cinq reprises différentes , pour enlever toute la chaux , en le rinçant à chaque fois dans une eau courante : après avoir été travaillés de riviere , on les met en coudrement (267) pendant huit jours ; & enfin le *Baudrier* se couche en fosse pour l'espace de quatre mois seulement , ou le quart du temps qu'il faut à un Cuir fort.

262. En Dauphiné , on emploie la méthode du sippage (255) pour tanner le Baudrier , & elle y réussit très-bien , parce que le Baudrier n'a pas besoin d'être épais comme le Cuir fort ; au lieu que le sippage , tendant à diminuer l'épaisseur , n'est pas si bon pour le Cuir fort. Lorsque ces Cuirs ont eu deux mois de plein , on les met en coudrement pour sept à huit jours dans des cuves moyennes , qu'on appelle *rodoirs* ou *coudrets* ; on les *sippe* ensuite , c'est-à-dire , qu'on les coud comme des outres , & on les remplit de l'eau du coudrement & de l'écorce qui y a bouilli ; on les laisse ainsi pleins l'espace de huit à dix jours , & on les change cinq à six fois par jour ; on les découd , on les met tout à plat dans la cuve avec la même écorce , distribuée par couches sur chaque Cuir ; on les laisse en cet état huit jours sans les remuer , on les leve , on les met sécher sur perche , pour être livrés au Corroyeur.

263. Dans le pays de Bresse & dans les Provinces voisines , les Cuirs en foible , Vaches , Veaux , & autres petites peaux propres à faire des empeignes , n'ont que six semaines de plein en été , & deux mois & demi dans l'hyver ; on les laisse trois jours dans l'eau courante , pendant lesquels on les travaille alternativement avec le couteau & la pierre sept à huit fois par jour , jusqu'à ce qu'ils ne rendent plus de chaux , mais que l'eau en sorte claire.

264. Au sortir du travail de riviere, on les met dans une cuve avec de l'eau de tan, en les remuant bien plusieurs fois le jour pour leur faire le grain, c'est ce que nous appellerons *coudrer* (267) ; mais on n'a pas toujours besoin de faire coudrer les empeignes ; & à cet égard on verra dans l'Art du Corroyeur la différence entre les veaux tournés & les veaux graissés ; ceux à qui l'on veut donner du grain, & dont on veut faire paroître la fleur au dehors, ont principalement besoin du coudrement.

265. A Limoges, les Veaux demeurent quatre mois en chaux & trois mois en fosse avec l'écorce de chêne, ou deux mois avec celle de redou, qu'on tire du Querci. En Dauphiné, on ne les met en chaux que pendant quinze jours ; mais on les met ensuite dans les rodoirs avec deux écorces différentes pendant un mois, & finalement en fosse un mois & demi. A Metz & à Verdun, les peaux de Vaches restent huit jours dans un plein mort, huit jours dans un plein neuf, un mois dans des cuves d'eau & d'écorce, & cinq mois en fosse à deux poudres différentes ; les Vaches y servent à faire des Cuirs noirs lissés pour impériale de Carrosse : à l'égard des Veaux, c'est la même préparation, à la réserve qu'on ne les couche en fosse qu'une fois pendant deux mois & demi. A Bourges, les Vaches font trois mois en chaux & six mois en fosse. A la Souteraine & à Saint-Julien, on les met trois semaines en chaux, cinq à six jours dans le son de froment, quinze jours dans une eau chaude avec de l'écorce.

266. A la Manufacture de Saint-Germain-en-Laye, les peaux de Vaches & les petits Cuirs de Bœufs après avoir été dégorgés, égouttés, débourrés, écharnés, & passés dans trois pleins morts & un plein vif, se travaillent de riviere avec beaucoup de soin & à cinq reprises différentes. A la premiere façon, on prend les peaux sur le chevalet, on les dégorge avec un couteau à faux, c'est-à-dire, qu'on les presse fortement pour faire sortir la chaux, ensuite avec un couteau rond à deux mains on les écharne, & on rejette les peaux au canal pour s'abreuver.

Pour la seconde façon, on remet les peaux sur le chevalet ; & avec la *queurse* (26), on passe fortement sur le côté de la fleur pour l'adoucir, l'unir, & en faire sortir la chaux, & l'on rejette les peaux au canal.

Pour la troisieme façon, on reprend les peaux sur le chevalet, & l'on passe dessus avec force un couteau rond, tant de chair que de fleur, pour faire encore mieux sortir la chaux ; après quoi on les jette au canal.

Pour la quatrieme & cinquieme façon, on refait la même chose, & cela s'appelle *récouler* & *abreuver* ; alors s'il ne reste plus de chaux dans les peaux, & que l'eau qui en sort soit claire, on les met dans les coudrements.

Du

Du Coudrement.

267. On appelle *Coudrement* une eau aftringente dans laquelle on fait tourner des peaux de Vaches ou de Veaux long-temps & en tout fens, pour les affermir & les tanner. On voit en *E*, dans la Planche I, trois Hommes occupés à tourner le coudrement ; on y en emploie fouvent quatre, & même davantage.

Les cuves de coudrement ont à Saint-Germain quatre pieds de hauteur fur fix pieds de diametre ; elles font de bois, cerclées de fer ; on y met les peaux avec du tan & de l'eau chaude ; quatre Hommes des plus robuftes les tournent continuellement avec des pelles pendant une heure, en allant d'abord de droite à gauche, & enfuite de gauche à droite.

Dans un coudrement de vingt-quatre Vaches, on met cinq corbeilles de tan ; ces corbeilles ont vingt pouces de diametre fur treize de hauteur.

Ce travail du coudrement fe réitere plufieurs fois, en relevant les peaux chaque jour, & les laiffant égoutter avant de les remettre dans le coudrement : tandis que les peaux s'égouttent, on remet un peu de nouveau tan dans le coudrement pour lui redonner de la force.

Du refaifage des Cuirs à Œuvre.

268. Après avoir tourné les peaux dans le coudrement pour la derniere fois, on les laiffe en *refaifage*, c'eft-à-dire, qu'on les laiffe fe refaire dans la cuve avec du nouveau tan, jufqu'à ce qu'on les couche en premiere poudre. Un refaifage de vingt-quatre Vaches & de douze douzaines de Veaux, exige vingt-deux corbeilles de tan, favoir, dix pour les vingt-quatre Vaches, & douze pour les Veaux ; car le refaifage prend le double du coudrement.

269. Le refaifage des Cuirs à œuvre, ou la cuve du refaifage, eft une cuve où on les étend de toute leur longueur : fi on double les extrémités, on met du tan dans tous les doubles, on les enveloppe de tan neuf, que l'on baigne d'une grande quantité d'eau froide, & on les laiffe féjourner en cet état pendant un mois ou fix femaines, felon les faifons : au fortir des refaifages, on les couche en foffe à l'ordinaire ; mais ils n'ont plus befoin que de deux poudres, parce que le coudrement & le refaifage tiennent lieu d'une premiere poudre.

270. Les peaux de Vaches ou de petits Bœufs, après le coudrement & le refaifage, fe mettent en foffe ; on les abreuve d'eau, la plus douce eft la meilleure, & l'on veille à ce qu'elles n'en manquent point : au bout de trois mois, on les met en feconde poudre pendant cinq à fix femaines ; & après la feconde poudre, on les porte au féchoir ; on les étend fur des per-

TANNEUR. X

ches, en prenant soin que la chaleur ou le froid ne les saisisse trop : on les appelle dans cet état *Vaches en croûte* ; & c'est ainsi que le Corroyeur les reçoit, pour en faire des semelles d'escarpins, des Cuirs noirs à grains, des Cuirs lissés, des Vaches rouges, du Cuir de Russie, pour l'usage des Selliers, des Bourreliers, des Coffretiers : nous les suivrons en décrivant l'Art du Corroyeur.

271. Le Cuir de Vache est plus serré, meilleur pour les dernieres semelles ou semelles extérieures ; on le préfere à celui des petits Bœufs, qui servent pour les premieres semelles ou semelles intérieures. Une bonne vache à œuvre étirée, passe généralement pour être le meilleur de tous les Cuirs, quand elle est bien choisie : il faut que ce soit une Vache qui n'ait point été pleine ; car dans les Vaches qui ont porté, la peau est trop distendue & trop mince : les semelles faites d'une bonne Vache, sur-tout prises dans le dos, les épaules, & les croupons ou bandes du milieu, valent mieux que celles des Bœufs : il y a de ces Vaches qui pesent soixante & quinze livres en poil, vingt-cinq ou trente quand elles sont étirées ; mais il faut convenir que cela est fort rare ; aussi le nom de Vache est donné, chez les Corroyeurs, à toute peau foible de Bœuf, de Vache ou de Veau. A l'égard des débris d'une Vache, tels que les ventres & autres parties foibles, ils ne valent pas les débris d'un Cuir de Bœuf.

Du travail des Peaux de Veaux.

272. LES Veaux reçoivent à-peu-près le même travail que les Vaches ; on les fait passer dans trois pleins morts & un plein vif, avec cette différence que les Veaux étant plus délicats que les Vaches, on ne les met dans le plein vif qu'après qu'il y a passé des peaux de Vaches.

Lorsque les peaux ne sont pas fraîches, qu'on les achete en poil extrêmement seches, on est obligé de les fouler pour les ramollir ; ce travail se fait avec les pieds.

Le travail de riviere pour les peaux de Veaux, est un peu différent de celui des peaux de Vaches (266) ; car dès la seconde façon, on en met quinze à dix-huit dans un baquet, où quatre Hommes avec des pilons de bois à long manches, les foulent pendant un demi-quart d'heure, pour en rompre le nerf & les adoucir. Ce travail se réitere après chaque façon, c'est-à-dire, quatre fois, comme le travail de riviere : on voit en *C*, dans la Planche II, un baquet dans lequel on foule des Veaux ; les pilons *G* ont huit à neuf pouces de haut, & se terminent comme des coins.

Lorsqu'il ne reste sur les peaux de Veaux ni bourre, ni chair, ni chaux, & que l'eau est fort claire, on les met, comme les Vaches, dans le coudrement (267), & on les tourne à différentes reprises, plus encore que les Vaches, en différents sens, & l'on y met à chaque fois du tan nouveau.

Le refaifage des peaux de Veaux dure environ un mois ; on les range dans la cuve avec un peu de tan entre les peaux, & par-deffus le tout, un peu de tannée & de l'eau des coudrements : c'eft dans ce refaifage qu'elles attendent le temps d'être mifes en foffe.

273. Pour mettre les Veaux en foffe, on les plie en long, mais inégalement, fans mettre du tan dans la duplicature ; on garnit un peu plus la tête & la culée, parce que ces parties font plus épaiffes ; le tan doit être réduit en poudre très-fine.

La premiere poudre dure trois mois ; alors on les releve, on les nettoie, on les bat pour en ôter la premiere tannée ; on les couche en feconde poudre, en obfervant de les plier auffi inégalement, mais de maniere que la partie qui n'étoit point doublée dans la premiere poudre, foit double dans la feconde ; on met du tan très-fin entre les peaux ; on y verfe de l'eau, la plus douce qui foit poffible, & l'on a grande attention qu'elles n'en manquent point tout le temps qu'elles font dans les foffes : cette feconde poudre dure trois mois, après quoi les peaux vont au féchoir.

A Paris, où le Tanneur & le Corroyeur font de deux Corps diftincts, & jaloux de leurs droits, le Tanneur n'a plus rien à faire à fes Veaux, quand il les a retirés de feconde poudre, que de les empêcher de fécher : ainfi il ne les porte pas au féchoir ; mais il les range fur le bord de fa foffe avec tout leur tan, en piles de cinq à fix douzaines ; là ils attendent, *entre deux humeurs*, que le Corroyeur les vienne acheter, pour les paffer en huile & en dégras, & par-là les rendre propres aux ouvrages des Cordonniers & des Bourreliers.

274. Depuis environ vingt ans, quelques Tanneurs fe font mis à tanner le Veau & le Mouton dans une eau chaude d'écorce : je crois qu'il n'y auroit rien à perdre dans cette pratique, comme je l'ai déja obfervé à l'occafion du Cuir fort (101).

Des Chevres & des Moutons.

275. LES PEAUX DE CHEVRES ne font pas fi communes qu'on puiffe les avoir toutes fraîches en quantité fuffifante pour en faire un travail fuivi ; on les achete en poil, feches ; & dans différentes Provinces, on les jette dans le canal pour les ramollir ; on les foule même encore au fortir du canal ; on les fait paffer dans les trois pleins morts ; on les débourre, & on les fait paffer au plein vif comme les Veaux.

Les Chevres que l'on tanne, exigent au moins dix façons dans le travail de riviere, parce qu'elles font feches de leur nature ; on en verra le détail à l'occafion du Marroquin ; (*Voyez l'Art de faire le Marroquin.*) car le travail de riviere s'y obferve avec grand foin, & il eft le même à l'exception du contre-écharnage : il y a auffi cette différence, que pour la tannerie on met les Chevres dans la riviere, au lieu de les mettre dans des baquets, fi ce n'eft dans les dernieres façons, où l'on emploie auffi les baquets pour plus grande propreté. On a foin de ramaffer la bourre des peaux de Chevre, auffi-bien que celle des Veaux : on vend ce poil de Chevre neuf à dix livres le cent pefant quand il eft gris, & quatorze à quinze livres quand il eft blanc. *Voyez à ce fujet l'Art du Parcheminier.* On ramaffe auffi les rognures de l'écharnage, foit des Chevres, foit des Veaux, pour en faire de la colle.

276. Les peaux de Chevre fe mettent dans le coudrement (267) ; elles reftent enfuite une quinzaine de jours en refaifage : au fortir du refaifage, on les couche en foffe une feule fois ; elles ne font pas affez épaiffes pour avoir befoin d'une feconde poudre.

C'eft fur-tout au printemps qu'on leve de foffe la Vache, les Veaux & la Chevre ; au lieu que les Cuirs forts fe levent en automne, temps auquel les Cordonniers commencent à en avoir le plus befoin, & à faire leurs provifions pour l'hyver.

277. La Basanne eft une peau de Mouton tannée : les peaux de Mouton qu'on tanne pour faire la bafanne, ne reftent que trois femaines dans le plein ou un mois au plus : fi l'on fait des pleins pour l'ufage feul des bafannes, on emploie fix quintaux de chaux pour vingt douzaines de peaux. Quand les peaux de Mouton font pelées, il ne leur faut plus que quinze jours de plein. Après qu'elles font fuffifamment plamées, on les met dans un coudrement froid (267), & on les y laiffe pendant un mois.

Il y a des Provinces où les bafannes font fippées (255), c'eft-à-dire, qu'on les coud tout autour, après les avoir remplies d'écorce : on les met dans un coudrement neuf fort chaud, que l'on remue de temps en temps, & qu'on réchauffe deux ou trois fois le jour : en deux jours de temps les bafannes font tannées. Nous parlerons dans *l'Art du Mégiffier* des peaux de Moutons paffées en blanc, & qu'on appelle *Peaux de Mégie.*

Du Cuir de Cheval.

278. Nous avons dit que le Cuir de Cheval ne fe travaille point chez les Tanneurs de Paris : ceux de la Province ne font pas fi délicats ; ils en font quand l'occafion s'en préfente ; on leur donne fix femaines de plein & cinq mois de foffe, à-peu-près comme aux Vaches ; ils fe vendent huit à neuf livres. On reconnoît un Cuir de Cheval au long cou, avec une grande épaiffeur fur la criniere, & des plis très-forts : on ne s'en fert que pour les premieres femelles, qui n'exigent pas autant de qualité que les femelles extérieures. Les droits qui fe perçoivent fur le Cuir de Cheval, ne font que la moitié de ceux du Cuir de Bœuf, c'eft-à-dire, d'un fol par livre pefant.

Des

Des Peaux Humaines.

279. Il est rare qu'on s'avise de vouloir tanner les peaux humaines ; aussi n'en parlons-nous qu'en passant, & à la fin de l'énumération que nous avons faite de toutes les peaux qui se tannent. Lorsqu'on a essayé de tanner des peaux humaines, on a vu qu'elles exigeoient plus de plein ou de passement, parce qu'elles sont plus grasses : elles ont plus de corps que les Vaches ; elles renflent beaucoup dans les passements. Passées en blanc ou en Hongrie, elles se condensent, & sont au contraire plus minces que des Vaches passées en Hongrie. Le ventre est la partie la plus épaisse d'une peau humaine ; au lieu que dans les Vaches, le ventre est la partie la plus mince. On a vu dans l'Art du Chamoiseur (art. 80.), que les peaux humaines, passées en chamois, ont la réputation d'être un topique avantageux pour les corps aux pieds.

DES DÉFAUTS QUI SE REMARQUENT
dans les Cuirs.

280. C'est souvent à la nature de la peau qu'on doit attribuer sa mauvaise qualité & son peu de durée ; mais c'est aussi quelquefois à ses défauts de préparation : nous allons parcourir en peu de mots les différentes causes de ces inconvénients.

On a vu ci-devant qu'il y a des peaux creuses, veules, minces, seches (94), qui se gonflent difficilement, & par conséquent se tannent mal. Il y a des peaux coutelées, à cause de la négligence qu'on a à les deshabiller ; les grands Cuirs du Bresil & d'Irlande y sont même des plus sujets (241). Voyez ce que j'ai dit dans l'Art de faire le Parchemin (art. 51), sur la négligence des Bouchers à l'occasion des peaux de Veaux & de Moutons ; car cela peut se dire également des Cuirs de Bœuf.

En parlant dans le même endroit des défauts du parchemin, je me suis fort étendu sur ceux qui proviennent des maladies des Moutons, parce que sur des peaux aussi tendres, l'effet des maladies est très-remarquable : j'en parlerai encore dans l'Art du Mégissier ; mais cet article paroît de peu de conséquence dans la Tannerie.

Il y a des Cuirs qui se piquent & s'effleurent dans des eaux limoneuses, ou chargées de particules trop acres (15) : il y en a où il reste des parties hétérogenes (27) dans la dépilation : ces parties dures résistent au couteau, & font cause que l'on coupe le Cuir en le travaillant sur le chevalet ; c'est pourquoi il est très-essentiel qu'une Tannerie ait beaucoup d'eau, & qu'on lave souvent.

281. Il y a des Cuirs qui sont brûlés par la chaux (50), au point de se

déchirer fous la pince , ou fous le couteau dont on fe fert pour écharner : cela prouve,plus que toute autre chofe,le danger & l'abus qu'il y a dans l'ufage de la chaux , contre lequel nous avons déja parlé affez au long (48).

282. La mauvaife qualité de l'écorce ou du tan (57) , contribue à celle des Cuirs : l'écorce vieille chargée de crevaffes , couverte de mouffe , noire , éteinte par l'humidité qu'on lui a laiffé contracter , ne forme qu'un mauvais tannage : la même chofe a lieu fi les foffes font mal abreuvées ; les parties du tan ne peuvent pénétrer le Cuir , fi elles ne font diffoutes & emportées par la force de l'eau , qui pénetre enfuite & en abreuve les Cuirs (97).

283. La qualité des eaux influe beaucoup fur celles des Cuirs , fur-tout pendant la durée des paffements : l'eau de la riviere des Gobelins eft chaude , abattue , fade , prefque corrompue ; & l'on eft obligé à la Manufacture de S. Hippolyte d'en faire venir de la Seine deux ou trois tonneaux chaque jour.

Les Tanneries de la rue Cencier étant plus baffes le long de la riviere des Gobelins , ont une eau qui abat davantage les peaux , & qui eft meilleure pour la moletterie , c'eft-à-dire , pour les Veaux & pour les Chevres : le travail va beaucoup plus vîte ; fix heures d'eau à la rue Cencier , font prefque autant que vingt-quatre auprès de Saint Hippolyte , qui n'en eft pas à trois cents toifes , parce que dans cet intervalle la riviere s'eft chargée d'une quantité de parties animales qui la difpofent à la fermentation , & qu'elle reçoit en paffant au travers des habitations de Tanneurs , Mégiffiers , Teinturiers , dont cette riviere eft couverte.

Mais comme le Cuir à l'orge demande au contraire une eau plus dure & plus forte , l'eau de la riviere des Gobelins y eft moins propre à mefure que l'on defcend davantage ; & même à Saint Hippolyte , on eft obligé de fe procurer à grands frais de l'eau de la Seine pour mêler à celle de la riviere des Gobelins : par la même raifon le Cuir à la jufée , qui demande une eau encore plus forte , ne réuffiroit probablement pas dans les parties baffes de la riviere des Gobelins.

284. On connoît fouvent en voyant un Cuir à la jufée , s'il eft d'été ou d'hyver : le Cuir d'été eft moins ferme , parce que les paffements n'ayant pas affez de fraîcheur , fe corrompent trop tôt , abattent & ramolliffent le Cuir , au lieu de le dilater : nouvelle preuve du choix qu'on eft obligé de faire pour le Cuir à la jufée d'une eau fraîche , vive & pure.

La gelée ramollit le nerf de la peau ; c'eft pourquoi l'on tâche d'en préferver les Cuirs qu'on veut conferver dans toute leur force ; par la même raifon , quand on a des Veaux marins , ou d'autres peaux qui font très-difficiles à revenir , on les étend à la gelée de temps en temps ; cela les ramollit & les difpofe au travail. Nous avons vu l'effet de la gelée fur les paffements d'orge (161) ; le danger ne s'étend pas jufqu'à nuire aux Cuirs , mais feulement à rendre le paffement inutile.

285. On appelle *Cuir corneux* certaines parties d'un Cuir, qui n'ayant pas été ramollies dans la préparation, n'ont pas été pénétrées par le tan, & font restées seches ou dures comme de la corne : ce seroit le défaut ordinaire de toutes les peaux vertes, si l'on négligeoit de les préparer, & qu'on les laissât sécher d'elles-mêmes à l'air : on voit souvent des châsses de lunettes (52), & d'autres ouvrages faits avec du Cuir corneux ; mais il ne vaut rien pour les Arts qui demandent beaucoup de force & de souplesse dans le Cuir.

286. On trouve souvent dans les Cuirs, des *verdelets*, c'est-à-dire, de petits trous de vers qui font imperceptibles, mais qui rendent un Cuir très-défectueux. Si un impérial de carrosse a des verdelets, l'eau qui passe au travers gâte & pourrit l'intérieur de la voiture ; aussi l'on choisit avec grand soin, chez un Corroyeur, les Cuirs les plus entiers, les plus parfaits & les plus grands pour un impérial, ou pour d'autres ouvrages semblables.

287. Les Cuirs coutelés du côté de chair font très ordinaires, par la négligence des Bouchers, comme nous l'avons déja remarqué (280) : pour y remédier, on pare du côté de chair, c'est-à-dire, qu'on enleve une partie du Cuir avec la lunette ; mais si les coutelures font profondes, & qu'il faille *baisser* ou creuser jusqu'à approcher du nerf de la peau, il y a beaucoup à perdre, & la force du Cuir en est trop altérée. Dans une semelle de Cuir fort, si la chair se trouve coutelée, il sera bon de la mettre en dehors, afin que la fleur se conserve plus long-temps & résiste mieux à l'humidité.

288. La fleur du Cuir est aussi quelquefois endommagée par le travail de la plamerie, par la dépilation, par le travail de riviere. Un Cordonnier doit avoir soin de mettre la chair du Cuir en dehors & la fleur en dedans ; lorsque cette fleur est un peu coutelée & endommagée ; car la chair la garantira un peu de l'humidité ; au lieu que s'il met la fleur en dehors, aussi-tôt qu'elle sera usée, rien ne défendra le reste de la semelle, & le Cuir prendra l'eau avec la plus grande facilité.

289. Le Cordonnier doit avoir soin aussi de ne point employer les ventres, les colets & les pattes, qui font des parties plus foibles, du moins pour les ouvrages qui demandent beaucoup de force : s'il avoit encore la précaution de tremper & de battre les Cuirs avant de les employer, il feroit des ouvrages bien meilleurs, comme nous en avons averti (107). Les deux grandes différences qu'il y a entre un Cordonnier jaloux de la perfection de son ouvrage, & celui qui ne demande qu'à recommencer souvent, font premiérement, de bien battre les semelles ; secondement, de choisir les endroits les plus forts d'un Cuir pour les premieres semelles : mais les Cordonniers qui prendroient toutes ces précautions, auroient droit de se faire payer un peu plus cher que les autres.

Du travail des Mottes.

290. La tannée ou la vieille poudre d'écorce, qu'on retire des foffes quand les Cuirs font tannés, peut fervir à faire les eaux aigres ou les jus d'é-corce, lorfqu'on travaille du Cuir à la jufée : chez les Tanneurs à la chaux ou à l'orge, elle ne fert plus qu'à brûler ; mais pour qu'on la puiffe employer d'une maniere plus commode, on a coutume de la réduire en mottes.

291. Les mottes font des cylindres de cinq à fix pouces de diametre, & de deux ou trois pouces de hauteur, faits de tannée pétrie dans un moule & féchée au Soleil. On voit en *D D*, dans la Planche III, (au fond de la Tan-nerie & derriere la machine qui fert à puifer l'eau,) le féchoir, qu'on appelle auffi le *percher*, la *cage à mottes*, les *étentes* ; c'eft le bâtis qui fert à étendre les mottes pour les faire fécher ; il eft compofé de planches légeres, foutenues fur de petits montants. On voit en *E* le Motteur, nus-pieds, qui preffe la tannée dans un moule de cuivre, & qui la frappe pour la durcir. Le moule à mottes eft repréfenté féparément en *N* au bas de la Planche ; il a deux anfes, avec lefquelles on le prend pour faire tomber la motte de dedans le moule, quand elle eft achevée. On voit en *M* la planche du moule : c'eft quelque-fois une pierre, fur laquelle on place le moule plein & comble de tannée : le Motteur monte fur le moule, & le frappe avec les pieds pendant l'efpace de trente à quarante fecondes de temps ; c'eft en quoi confifte toute l'opé-ration.

292. J'ai vu qu'en Province un homme ne fait gueres qu'un millier de mottes, & il gagne trente fols par jour. A Paris, on en fait davantage ; mais elles font plus petites & moins frappées. Les mottes reviennent prefque en Province à trois livres le mille, en y comprenant ce qu'il en coûte pour les faire, les étendre & les porter ; & on les vend fix livres : ainfi l'on n'a que trois livres pour la matiere d'un millier de mottes. Cependant un Tanneur qui confomme pour deux mille livres d'écorce, n'en tire pas cinquante mil-liers de mottes, c'eft-à-dire, cent cinquante livres ; ainfi l'on voit que les mottes ne dédommagent que d'environ une trezieme partie du prix de l'a-chat de la tannée.

Suivant les calculs qu'on trouvera ci-après (309), la tannée de cinquante Cuirs réduite en mottes produit vingt livres de net, & le prix de l'achat eft de trois cents trente-fept livres ; ainfi la tannée ne rendroit que la dix-fep-tieme partie du prix de l'écorce.

293. On fait à la Tannerie de Saint-Germain jufqu'à quatre cents quatre-vingt milliers de mottes, mais la plus grande partie fe confomme dans la maifon : c'eft le produit d'environ huit mille poinçons de tannée : le poin-çon eft de deux cents livres pefant (58). Mais la plus grande partie de leur

tan

tan ne fert point à faire les mottes ; car on abandonne aux Ouvriers le plus gros de l'écorce pour en faire leur profit : cette groffe écorce, quand elle eft féchée, eft très-bonne à brûler ; au lieu qu'elle ne fauroit fe mettre en mottes : ils ont foin de la choifir à la levée de foffe, & à la fortie des paffements morts, où il y en a beaucoup (214).

294. Un des ufages du tan, lorfqu'on ne le met point en mottes, eft de fervir aux Jardiniers, qui l'achetent quelquefois jufqu'à fix livres le tombereau ; on en met dans les couches, dans les ferres chaudes ; il conferve la chaleur douce & conftante, dont on a befoin pour les plantes exotiques, de l'Afrique & de l'Amérique méridionale.

DES FRAIS ET DU PRODUIT DES TANNERIES.

295. Les détails dans lefquels je vais entrer fur la partie économique des Tanneries, font tirés, pour la plupart, des Mémoires que M. Guimard avoit dreffés en 1750 pour le Confeil, lorfqu'il travailloit à la réforme des Tanneries, en qualité d'Infpecteur dans cette partie. Il peut y avoir des articles qui mériteroient aujourd'hui d'être changés ; mais il eft trop difficile à un Académicien de connoître à fond de femblables détails ; d'ailleurs il doit y avoir d'une Province à l'autre de très-grandes variétés ; ainfi les détails fuivants ne feront pris que pour une ébauche, ou un exemple de la maniere d'évaluer de femblables produits. A l'égard des droits impofés fur les Cuirs, nous en parlerons à la fin de cet ouvrage.

296. Un Tanneur qui dans nos Provinces a deux foffes de foixante & quinze Cuirs chacune, & veut faire cent cinquante Cuirs forts par année, doit avoir trois Ouvriers qui coûtent chacun à-peu-près vingt-quatre fous par jour, & il dépenfe pour 2000 liv. d'écorce ; il eft vrai qu'avec cela il peut tanner beaucoup de Cuirs à œuvre, & même les corroyer, ce qui augmente le profit : mais examinons feulement la partie principale, qui eft celle des Cuirs forts.

Du Cuir à la Chaux.

297. Dépense. Je fuppofe une partie de cinquante Cuirs pris chez le Boucher, de quatre-vingts livres à la raie, du prix de 24 livres chacun, enforte que la mife totale foit de 1200 livres ; les intérêts à fix pour cent pendant deux ans, 144 liv. le prix du tan, 337 livres (58) ; la main-d'œuvre, à raifon de 16 fous par Cuir, 40 livres ; la chaux, 15 livres (20) ; le total des frais fera donc de 1736 livres pour cinquante Cuirs.

298. Produit. Les cinquante Cuirs qui auront pefé en poil, lorfqu'ils étoient verds, quatre-vingts livres à la raie, perdent ordinairement la moitié dans les apprêts, & ne pefent gueres que quarante-quatre livres chacun lorf-

Tanneur.   Z

qu'ils font tannés ; or cinquante fois quarante-quatre livres, font un poids total de vingt-deux quintaux de Cuir tanné, qui évalué à 16 fous la livre, (ceci fe rapporte au temps où écrivoit M. Guimard) produira pour le montant de la vente . . 1760 liv.

299. Il y a encore quelques bénéfices fur les Cuirs tannés, dont il faut augmenter l'article de la vente.

Cent cornes, qui valent ordinairement 8 livres, la moitié pour les Garçons, l'autre moitié pour le Maître . . . .   4 liv.

Les émouchets ou crains des queues . . . .   6 liv.

Deux cents livres de bourre, à 4 livres le quintal, déduction faite du lavage ; la moitié feulement étant pour le Maître . . . . .   4 liv.

Les écharnures & rognures de ces cinquante Cuirs, font cinquante livres de colle groffiere, que les Papetiers achetent 10 livres le quintal ; après avoir déduit le lavage & la feche, on peut compter pour ces cinquante livres de colle . . . .   4 liv.

Cette matiere fe vend même quelquefois jufqu'à 25 livres le cent, quand elle eft choifie pour des Giffeurs, qui ne veulent que les oreilles, pour rendre la chaux plus compacte, plus adhérente, plus luftrée, de maniere à imiter le ftuc.

La chaux ufée de cinquante Cuirs, que l'on vend pour bâtir des fondements & de petits murs, ou pour engraiffer les terres, produira . . . .   4 liv.

La tannée de ces cinquante Cuirs, reduite en mottes pour brûler, ou vendue pour fumer les terres & entretenir les couches des jardins, produira net au Tanneur environ . . . .   20 liv.

300. Le total de ces petits articles monte à 42 livres, qui étant ajoutées au produit de la vente principale formeront 1802 livres pour le produit total : or l'on a vu que la mife étoit 1736 livres, ainfi le bénéfice de ces cinquante Cuirs à la chaux ne fera que de 66 livres ; quantité beaucoup moindre que le bénéfice du Cuir à l'orge, qu'on verra ci-après être de 211 livres pour cinquante Cuirs (305).

Du Cuir à la Danoife ou au Sippage.

301. DÉPENSE. La main-d'œuvre de cinquante Cuirs au fippage coûte moins, parce qu'elle dure moins long-temps que dans toute autre méthode ; on peut l'eftimer 12 fous pour chaque Cuir ; ce qui fait en total . . . .   30 liv.

Un plein neuf, qui exige deux barriques de chaux, à 3 livres 10 fous la barrique, coûtera . . . .   7 liv.

Le rouge & le fippage emploieront cent cinquante quin-
taux d'écorce, à 2 livres 5 fous le quintal . . . . 337 liv. 10 f.

Le prix des cinquante Cuirs en poil, à 24 livres chacun . . . 1200 liv.

L'intérêt de l'argent peut fe négliger ici, à caufe de la brié-
veté du temps ; ainfi le total des débourfés eft de . . . . 1574 liv. 10 f.

302. P R O D U I T. Les cinquante Cuirs qui auront pefé chacun quatre-vingts livres en verd, ne peferont gueres que quarante livres lorfqu'ils feront tannés. Les Cuirs au fippage font
plus légers que ceux des autres méthodes, parce qu'ils font
plus minces, plus fecs & moins nourris ; ainfi le poids total
de ces Cuirs, à 16 fous la livre, produira . . . . 1600 liv.

A quoi il faut ajoûter les petits bénéfices dont nous avons
parlé pour le Cuir à la chaux (299). . . . . 42 liv.

Total du produit de cinquante Cuirs au fippage . . . . 1642 liv.
dont ôtant la dépenfe 1574 livres 10 fous, il refte pour le
bénéfice total . . . . 67 liv. 10 f.

prefque égal à celui du Cuir à la chaux (300) ; mais ce produit
rentre trois fois plus vîte, & devient par conféquent trois fois
plus avantageux, fi toutefois on fuppofe que le Cuir au fippage foit auffi bon que le Cuir à la chaux, & puiffe avoir un
débit auffi fûr & auffi confidérable.

De la préparation du Cuir à l'Orge.

303. D É P E N S E. La main-d'œuvre de cinquante Cuirs à l'orge, coûte auffi-bien que pour le Cuir à la chaux (297), à
raifon de 16 fous par Cuir . . . . 40 liv.

En comptant une demi-mefure d'orge de 14 fous pour chaque Cuir, il faudra pour le total des cinquante Cuirs . . . . . 35 liv.

Le paffement rouge de cinquante Cuirs exige deux quintaux
d'écorce, qu'on peut eftimer 45 fous le quintal (58). . . . . . . 4 liv. 10 f.

Le tan néceffaire pour la foffe, à-peu-près comme pour le
Cuir à la chaux (297). . . . . 337 liv. 10 f.

Le prix de la matiere premiere ou de l'achat des cinquante
Cuirs, à 24 livres chacun . . . . 1200 liv.

L'intérêt de cette fomme, pendant l'année de la prépara-
tion, à fix pour cent . . . . 72 liv.

Le total des débourfés eft donc de . . . . 1689 liv.
ce qui fait 33 livres 15 fous pour chaque Cuir.

304. P R O D U I T. Les cinquante Cuirs qui auront pefé quatre-
vingt livres chacun en verd, ne peferont que quarante-quatre

livres lorſqu'ils feront tannés ; ce qui produira , à raiſon de
17 ſous la livre . . . . 1870 liv.

Les petits bénéfices de 4 livres pour les cornes, 6 livres pour
le crin, & 20 livres pour la tannée, vont à-peu-près à . . . . 30 liv.

Donc le total du produit des cinquante Cuirs à l'orge . . . . 1900 liv.

305. Ainſi le bénéfice du Tanneur ſera dans un an de . . . . . 211 liv.
quantité qui eſt plus conſidérable de 145 livres que pour le
Cuir à la chaux, parce qu'on ſuppoſe que le Cuir à l'orge ſe
vend un ſou de plus, étant d'une qualité ſupérieure à celle du
Cuir à la chaux, & parce que l'intérêt de la miſe ou du fond
n'eſt perdu que pendant un an pour celui qui fait du Cuir à
l'orge ; au lieu qu'il eſt perdu au moins pendant deux ans
pour ceux qui font le Cuir à la chaux. On verra ci-après que
le bénéfice du Cuir à la juſée eſt réputé encore plus conſidérable. (309). ·

De la préparation des Cuirs , façon de Valachie & de Tranſilvanie.

306. Le Cuir de Valachie qui ſe prépare par les paſſements chauds (129),
ſuppoſe des opérations plus difficiles ; il faut y ajouter la dépenſe du bois,
qui dans certains endroits mérite d'être conſidérée (70) ; il faut y ajouter un
peu de ſel pour les paſſements : enfin, ſuivant M. Guimard, il coûteroit un peu
plus que le Cuir à l'orge ordinaire ; mais la différence n'eſt pas bien conſidérable.

307. Il en faut dire autant du Cuir de Tranſilvanie ; le ſeigle en grain
peſe dix-huit livres le boiſſeau , meſure de Paris ; il faut donc un peu plus
d'un boiſſeau de ſeigle pour chaque Cuir , ce qui revient à quinze ſols ;
enforte qu'il en coûte autant pour le ſeigle, que pour l'orge.

Du Cuir à la Juſée , ou Cuir de Liege.

308. Le Cuir en Liege n'exige ni feu , ni orge , ce qui fait une économie conſidérable ; la main-d'œuvre peut être ſuppoſée un peu plus chere,
parce qu'il exige plus d'intelligence & plus de ſoin.

Dépense. La main-d'œuvre des Cuirs à la juſée eſt d'environ 20 ſous pour chacun ; ainſi un habillage de cinquante Cuirs
revient à . . . . 50 liv.

L'écorce groſſiérement moulue , qui s'emploie dans le dernier des douze paſſements ordinaires , & dans le paſſement
extraordinaire , peut être en total de trois quintaux , ce qui
fait , à raiſon de 2 livres 5 ſous le quintal . . . . 6 liv. 15 ſ.

Ces cinquante Cuirs tannés en foſſe , comme dans les mé-

thodes

thodes précédentes, exigeront cent cinquante quintaux d'é-
corce, qui à raison de 2 livres 5 sous chacun, coûtent . . . . . . 337 liv.

Le prix de l'achat des cinquante Cuirs en poil, à 24 l. chacun . . 1200 liv.

L'intérêt de ces 1200 livres pendant la durée de la préparation, qui est d'une année, à six pour cent, est de . . . . 72 liv.

Ainsi le total des débourfés est de 1666 livres, au lieu de
1736 livres que coûtoient les Cuirs à la chaux dont nous avons
parlé ci-devant (297).

309. P R O D U I T. Les cinquante Cuirs verds étant fuppofés
de quatre-vingts livres à la raie, ne peferont qu'environ qua-
rante-deux livres lorfqu'ils feront tannés ; ainsi le total de
vingt-un quintaux, à 18 fous la livre, qui est le plus bas prix
de la vente en Province, produira . . . . 1890 liv.

A Paris & à Nantes, le Cuir de Liege fe vend ordinairement
vingt & même vingt-deux fous la livre, fi le Cuir fe trouve grand
& fort ; & il fe vend encore mieux à Paris (238).

Les cent cornes, qui fe vendent ordinairement 8 livres, mais
dont la moitié font pour l'Ouvrier . . . . 4 liv.

Le crin des queues de ces cinquante Cuirs, qui fe vend
ordinairement au profit du Maître . . . . 6 liv.

Les cent cinquante quintaux de tannée, qui proviennent
de ces cinquante Cuirs, produiront au Tanneur . . . . 20 liv.
foit qu'il la vende en mottes pour brûler, ou pour engraisser
les terres lorfqu'elle est bien pourrie.

Le total du produit est donc de . . . . 1920 liv.
& le bénéfice 254 livres ; ce qui fait plus de quinze pour cent
de la fomme principale de 1666 livres, & cela pour l'année de
la vente, qui est la feconde, parce que les fonds rentrent un
an plutôt que pour le Cuir à la chaux.

310. Nous n'avons pas inféré dans l'état des produits de cette fabrication
le poil & les écharnures ; M. Guimard prétend que le poil du Cuir à la
jufée ne vaut rien pour bourre, foit qu'elle pourriffe plus facilement que la
bourre à la chaux, fi on néglige de la faire laver & fécher, foit que la chaux
lui ait donné une meilleure qualité ; il feroit cependant bon de faire à ce
fujet quelques épreuves. A l'égard des écharnures du Cuir à la jufée, elles
ne valent rien pour la colle, parce qu'elles font trop graffes ; mais elles
peuvent fe mettre à profit pour nourrir des Chiens de garde ; & d'ailleurs
il feroit aifé de les dégraisser pour les rendre propres à la colle ; il ne s'agiroit que de les mettre pour quelque temps dans la chaux.

311. Suivant des états & des calculs détaillés d'un Infpecteur du Commerce, le Tanneur qui fabriqueroit mille Cuirs en Liege de quarante-huit

livres, à vingt-deux fous la livre, pourroit gagner fur chacun 8 liv. 9 fous ; il aura dans l'efpace de quinze mois 8400 livres de bénéfice, fans parler de la colle, des cornes, de la bourre, des mottes, qui doivent rendre plus de 600 livres.

Les 600 livres en petits profits de détail, font, fuivant cet Infpecteur, 200 livres de cornes, à 10 liv. le cent pefant . . 200 liv.

Quatre-vingts quintaux de poil ou de bourre, à 3 livres le cent, qui rendent . . . . 240 liv.

Cinq milliers de petites mottes, qui fe vendent 10 livres le millier, mais dont il faut défalquer 15 fous pour la façon . . . . . 154 liv.

Les émouchets de mille Cuirs, à 12 livres le cent pefant, & qui pefent plus de deux onces chacun . . . . 18 liv.

Cinq quintaux d'oreilles & d'écharnures, pour faire de la colle, à 3 livres le cent . . . . 15 liv.

Total des profits du Tanneur . . . . 627 liv.

Si l'on ajoute ces 627 livres avec le produit de 8400 livres, & qu'on en déduife 1000 livres pour l'entretien d'un Cheval & des uftenfiles néceffaires, avec 1500 liv. pour le loyer d'une Tannerie de feize à dix-fept foffes, il reftera environ 6500 liv. pour les quinze mois, ou un revenu net pour chaque année de . . 5200 liv.

312. Toutes les évaluations que j'ai vu faire fur les produits des Tanneries, tendent à prouver que l'avantage eft pour le Cuir à la jufée ; il eft meilleur (248), il fe vend mieux, il coûte moins : on ne fauroit avoir de plus grandes raifons pour en adopter l'ufage ; mais les obftacles font prodigieux ; l'ignorance des Provinces, le défaut d'émulation, le torrent infurmontable de l'habitude.

Du prix des Cuirs en Angleterre.

313. Les Cuirs d'Angleterre les plus beaux & les mieux nourris, pefent de cinquante à foixante & dix livres, (*Avoir du poife*) ou de quarante-fix à foixante-cinq livres, poids de France ; (car les cent livres de France font exactement cent huit livres d'Angleterre) ; ils coûtent en poil trente à quarante shellings, ou trente-quatre à quarante-fix livres ; (le shelling vaut 22 f. 10 d. $\frac{1}{7}$) ; & lorfqu'ils font tannés, ils fe vendent environ un shelling la livre, ce qui revient à près de 25 fous la livre, argent & poids de France ; cela ne s'éloigne pas du prix des Cuirs à la jufée aux environs de Paris (238).

Des Cuirs que l'on tire de l'Étranger.

314. La confommation des Cuirs en Europe eft fi confidérable, que l'on en tire de l'Afie, de l'Afrique & de l'Amérique ; mais les Cuirs du Bréfil

font les plus eftimés. L'Efpagne avoit accordé à la France le commerce de Buénos-Aires en 1701 : alors la Compagnie de l'Affiente faifoit venir directement en France les Cuirs fecs de Buénos-Aires ; car on les regardoit comme préférables à ceux de Barbarie, des Indes & du Pérou. Mais par le Traité d'Utrecht, ce Commerce fut accordé aux Anglois, exclufivement aux autres Nations : alors les Anglois furent feuls en poffeffion des Cuirs de Buénos-Aires. Les François ne pouvoient pas même les tirer d'Angleterre, parce qu'on avoit limité, par un Arrêt du 6 Septembre 1701, la traite des marchandifes d'Angleterre, & l'on n'avoit permis que les marchandifes du crû d'Angleterre, ou celles qui étoient fabriquées avec des matieres du crû d'Angleterre, d'Ecoffe & d'Irlande, & quelques autres marchandifes tarifées par cet Arrêt : alors nos Négocians entrepofoient ces Cuirs dans des pays étrangers, pour les faire enfuite repaffer en France.

315. L'Arrêt du Confeil du 7 Mars 1724, permit de faire venir directement d'Angleterre les Cuirs fecs de Buénos-Aires, en payant pour chacun un droit de vingt-cinq fous à l'entrée du Royaume. Le droit d'entrée étoit de cinquante fous fur les peaux de Bœufs d'Angleterre ; mais ceux-ci étant d'une qualité fort inférieure à ceux de Buénos-Aires, ne parurent pas mériter la même faveur, & demeurerent chargés d'un droit plus fort, afin que leur introduction ne fût pas préférée à celle des Cuirs de Buénos-Aires ; & pour prévenir la confufion, il fut ordonné par le même Arrêt, que les Négocians qui feroient venir d'Angleterre en France les Cuirs de Buénos-Aires, feroient tenus, à leur arrivée, de les déclarer tels, & de rapporter un Certificat en bonne forme des Directeurs de la Compagnie du Sud, portant que ces Cuirs en étoient réellement, & provenoient des ventes de la Compagnie du Sud.

316. Depuis que le Portugal a fait avec l'Angleterre des Traités de Commerce, qui nous ôtent la partie des Cuirs du Bréfil, & que l'Angleterre a envahi le Canada par la derniere Guerre, le commerce des Cuirs étrangers eft prodigieufement diminué ; mais il peut renaître facilement dans un pays comme le nôtre, rempli d'induftrie & de reffources, lorfqu'on entretiendra au dedans une bonne Fabrication, & au dehors une Marine puiffante.

Des Réglements établis pour la fabrication des Cuirs.

317. LES abus qui fe commettent dans la Manufacture des Cuirs, ont fouvent attiré l'attention du Gouvernement ; par exemple, le commerce des fouliers qui fe fabriquent à Marfeille pour le pays étranger eft confidérable ; & c'eût été un très-grand inconvénient fi ce commerce eût tombé par la négligence des Tanneurs & la mauvaife qualité des Cuirs. Auffi les Cordonniers de Marfeille firent des repréfentations à ce fujet en 1719, & il y eut

un Arrêt du Conseil le 6 Mai , portant réglement pour les Tanneurs de la Ville de Marseille : en voici la subſtance.

318. Les Cuirs doivent être mis dans les deux eaux de chaux accoutumées , & qu'on appelle *leſſive* : au ſortir des eaux de chaux, on coupe le Cuir en trois parties , l'une du dos , & les deux autres du ventre ; on les paſſe ſur le chevalet juſqu'à ce que l'eau en ſorte auſſi claire qu'elle l'eſt au ſortir de la fontaine. On fait une pâte ou ruſque d'écorce de branches de Chêne verd , ſans mélange d'écorce de racine , pour éviter que le Cuir ne contracte une odeur trop forte. Les Cuirs demeurent dans la ruſque ou foſſe pendant l'eſpace de quatre mois, après quoi ils ſont mis dans une ſeconde ruſque d'écorce de branches de Chêne verd , où ils doivent demeurer en infuſion pendant huit mois. Les peaux de Chevaux , Mulets & autres roſſes , ne peuvent être habillées qu'en blanc , comme les Baudriers , & y demeureront auſſi pendant une année. Les Tanneurs doivent bien faire ſécher leurs Cuirs avant de les expoſer en vente ; & ceux qui ſont deſtinés à faire des ſemelles de toutes ſortes de ſouliers , doivent être vendus à la piece ; défenſe de les vendre ni acheter au poids, à peine de 100 livres d'amende.

319. Chaque Maître Tanneur eſt tenu d'appoſer ſa marque ſur ſes Cuirs ; & d'y faire appoſer la marque de la Ville & celle des Jurés des Maîtres Cordonniers de Marſeille , qui ſont chargés de cette troiſieme marque ; & tous enſemble demeurent reſponſables de la bonne qualité des Cuirs par eux marqués. Il eſt défendu à tous Marchands ou Cordonniers , d'acheter aucun Cuir ſans qu'il leur apparoiſſe de ces trois marques ; & l'Intendant de Provence nommera , quand il le trouvera à propos , un Inſpecteur pour faire des viſites , & dreſſer les procès-verbaux contre les délinquants.

320. Parmi les Arrêts du Conseil donnés de temps à autres pour le maintien du bon apprêt des Cuirs & la réformation des abus , je rappellerai encore celui du 13 Mars 1731 , portant réglement pour la Manufacture de Falaiſe , dans la Généralité d'Alençon : il s'étoit introduit dans cette Manufacture un relâchement préjudiciable au bien public ; les Cuirs n'y recevoient pas les apprêts néceſſaires , & les ouvrages qui en ſortoient étoient défectueux ; il fut ordonné par cet Arrêt , que les Cuirs de Bréſil , Havanne , & autres gros Cuirs ne pourroient être expoſés en vente , qu'après avoir été pendant trois années entieres aux apprêts ; ſavoir , un an dans la chaux vive , & deux années en tan de taillis , relevé de ſix en ſix mois. On défendit de les expoſer en vente avant la viſite & la marque des Gardes-Jurés , auxquels on donna droit de viſite chez les Tanneurs de campagne , en mêmetemps qu'on rendoit les Jurés reſponſables en leur propre & privé nom de leurs viſites. Il eſt défendu par le même Arrêt de vendre des Cuirs ailleurs que dans les Halles publiques , ni d'en expoſer à la Foire de Guibray , ſi ce n'eſt après la viſite & les procès-verbaux des Gardes-Jurés ; leſquels procès-

verbaux

verbaux doivent être remis au Greffe de la Police de la même Ville, pour être prononcé fur iceux par les Juges, en conformité du Réglement.

321. Il y eut dès l'an 1085, des Statuts pour la police des Cuirs, faits par les Juges Royaux, comme cela eft énoncé dans l'Edit de Juin 1585. Charles VII & Louis XI rendirent des Ordonnances plus étendues & plus précifes.

Henri IV, par fon Edit du mois de Juin 1585, renouvella les précautions que Charles VII & Louis XI avoient prifes pour prévenir les abus dans les Tanneries : voici une partie du préambule de cet Edit : » A ces causes, étant notoire qu'en toutes chofes néceffaires à l'entretenement des Hommes, les Cuirs à faire des fouliers & autres ouvrages eft une des principales, étant impoffible de s'en paffer, non plus que de vivres & aliments, & que les Tanneurs & Mégiffiers commettent de fi grandes fraudes & abus à l'appareil d'icelui, que le Public en fouffre grand détriment, en ce qu'une paire de fouliers ou autre ouvrage de Cuir ne dure moitié de ce qu'elle feroit fi elle étoit de Cuir bien & duement tanné & appareillé, d'où encore l'on en auroit plus d'abondance & à meilleur compte, & ne feroient nos Sujets ordinaire-ment circonvenus & déchus en l'achat d'iceux, comme ils font, ne con-noiffant le vice intérieur du Cuir, qui eft fi bien caché par l'artifice & malice defdits Tanneurs, qu'il n'y a qu'eux & les plus experts Cordonniers qui le puiffent juger & connoître ; d'autant que fouvent une paire de fouliers de méchant Cuir paroîtra meilleure qu'une de bon, qui eft caufe que nofdits Sujets ne s'en peuvent appercevoir qu'après qu'ils ont tant foit peu porté lefdits fouliers & autres ouvrages de Cuir ; ce qui n'adviendroit fi lefdits Tanneurs & Mégiffiers laiffoient leur Cuir en tan & dans leurs foffes & plein, le temps requis, pour le rendre à perfection de bonté ; mais au lieu de ce faire, pour promptement s'enrichir en fe déchargeant de leurs marchan-difes, ils ne l'y laiffent pas la moitié du temps porté par les Ordonnances, ni ne baillent l'appareil & façons qu'ils devroient, s'enrichiffant par ces illi-cites moyens en peu de temps du dommage & incommodité du Public ».

Il eft dit enfuite, que depuis quelques années certaines Villes avoient fait exécuter les Ordonnances de Charles VII & Louis XI, pour les Tan-neries, ce qui avoit diminué les abus ; mais, que les gens prépofés pour le contrôle & la marque des Cuirs n'étant commis que pour un temps, & fans attribution de falaires, prévariquoient par fraude & connivence avec les Tanneurs, & que les Juges même étoient quelquefois d'intelligence. Pour y remédier, le Roi ordonne qu'en toutes Villes & gros Bourgs du Royaume où il y a Tannerie, les Cuirs feront vus & vifités par les Maîtres, Gardes & Jurés des métiers de Tanneur & Cordonnier, deux de chaque métier pour le moins, en préfence d'un prudhomme & notable Bourgeois, qui fera élu chaque année en affemblée de Ville ; qu'ils feront apportés pour cela aux Halles & Marchés publics, & qu'ils y feront marqués. En conféquence le Roi crée

TANNEUR. B b

en chaque Ville un *Contrôleur-Marqueur* de Cuirs, en titre d'Office formé, avec un droit de deux fols fur chaque Cuir fort, & fur chaque douzaine de Veaux ou Moutons ; il eft auffi attribué vingt fous par jour au Bourgeois qui vacquera un jour de la femaine aux vifites du Contrôleur.

Les Statuts des Tanneurs de Paris font de l'an 1345, & cette Communauté n'en a pas eu de plus récents : je vais donc les tranfcrire ici, en y corrigeant feulement quelques-unes des fautes qui fe trouvent en très-grand nombre dans l'édition faite en 1754.

ORDONNANCES, STATUTS ET REGLEMENTS,

donnés, concédés & octroyés par Philippes VI. dit de Valois, Roy de France ; Aux Maîtres Tanneurs, Corroyeurs, Baudroyeurs, Cordonniers & Sueurs de la Ville, Fauxbourgs & Banlieue de Paris, le fixiéme Aouft 1345.

PHILIPPUS, Dei gratiâ, Francorum Rex, univerfis præfentes Litteras infpecturis, Salutem. Notum facimus nos vidiffe Litteras infrà fcriptas, formam quæ fequitur continentes:

PHILIPPES, par la grace de Dieu, Roy de France : A tous ceux qui ces préfentes Lettres verront, Salut. Sçavoir faifons, avoir veu les Lettres cy-deffous, qui contiennent ce qui fuit:

PHILIPPUS, *Dei gratiâ, Francorum Rex : Notum facimus univerfis tam præfentibus, quam futuris : Quòd cùm nuper ad nos plebis & populi Parifienfis clamor validus pervenit & querela, qualiter diverforum operum artifices mechanici, præfertim Tennatores corii, Conreatores, Baudrarii, Cordubinarii & Sutorii in Villa Parifienfi, & locis aliis, fraudes plurimas & diverfas in prædictis operibus, feu artibus mechanicis, non fine totius reipublicæ multis incommodis, hactenus circonferunt, & de die in diem committere non verentur. Cùmque Regalis Officii nobis à Deo commiffi curiofâ follicitudine requirant, ut nos vigilanter fubditorum indemnitatibus infudemus,*

PHILIPPES, par la grace de Dieu, Roy de France. Sçavoir faifons, à tous préfens & à venir : Que depuis peu en çà, tout le Peuple ayant eu recours à Nous, & fait plainte de ce que plufieurs Artifans d'Ouvrages mécaniques, principalement Tanneurs, Corroyeurs, Baudroyeurs, Cordonniers & Sueurs dans la Ville de Paris, & autres lieux, exercent plufieurs tromperies & de diverfes fortes dans les Ouvrages mécaniques ci-deffus fpécifiés, non fans la grande incommodité du Public, & ne craignent point de continuer journellement. A CES CAUSES, le Peuple de Paris Nous requerant, (à caufe de l'autorité Royale que Dieu nous a mis ès mains) que Nous maintenions avec vigilance l'intéreft de nos Sujets, fur-tout en ré-

maximè circà ea in melius reforman-
da quæ in præjudicium & læfionem
omnium totius Reipublicæ vergere
dignofcuntur, præfertim in rebus quæ
ad quotidianos ufus hominum funt
inventæ , & quafi neceffariò de-
putatæ , ·Nos fraudibus hujufmo-
di ac Reipublicæ damnofis læfio-
nibus cupientes , ut convenit, obvia-
re , plures ufque ad magnum nume-
rum de perfonis diverfas artes , feu
opera mechanica continuè & à multis
temporibus exercentibus & expertis
ac prudentibus in eifdem , coram di-
lectis ac fidelibus gentibus noftrum
tenentibus Parlamentum , fecimus
evocari , & per eafdem gentes dictis
perfonis & earum fingulis dictas
fraudes & incommoda plenè & arti-
culatim exponi. Nihilominùs præ-
fatis perfonis diftrictiùs injungentes,
ut fuper præmiffis fic ut præmittitur
eifdem expofitis fecum ad multum
tractatus & deliberationes haberent ,
& ea quæ ex deliberatione eorum cir-
cà dicta opera & eorum fingula , &
ea tangentia pro tollendis dictis in-
commodis , & fraudibus refecandis ,
utilia crederent , ftatuenda dictis no-
ftris gentibus in fcriptis fideliter re-
portarent , ut per hoc fuper præmiffis
maturiùs & utiliùs poffemus de com-
petenti remedio providere. Vifis igi-
tur & examinatis deliberationibus &
avifamentis per dictas perfonas dictis
noftris gentibus in fcriptis ut injun-
ctum fuerat reportatis ; auditis etiam
ad plenum perfonis eifdem in omni-
bus quæ circà præmiffa & ea tangen-
tia dicere & proponere aut confulere
volunt; lectis infuper Ordinationibus

formant les chofes que nous connoiffons
aller au détriment & à la lézion du Public, dans les chofes qui font trouvées
à l'ufage journalier des hommes , & dont
on ne fe fçauroit paffer. Nous, defirans,
comme il eft raifonnable , obvier à icel-
les tromperies & lézions fi pernicieufes
au Public, Nous avons mandé plufieurs,
jufques même un grand nombre de Gens
exerçans les divers Arts & Ouvrages mécaniques cy-deffus , depuis plufieurs
temps experts & prudens dans ces matieres , pardevant nos amez & féaux
Confeillers tenans notre Parlement ; &
par nos mêmes amez & féaux Nous avons
fait expofer à toutes & chacunes les perfonnes cy-deffus lefdites fraudes & incommoditez , le tout pleinement & di-
ftinctement ; enjoignant néanmoins
très-expreffément aux perfonnes fus-
mentionnées de conférer & déliberer
enfemble fur tout ce qui peut concerner
lefdits Ouvrages , & ce qu'ils trouveroient propre , fuivant la délibération
faite entre-eux , pour remédier entiérement aufdites incommoditez & tromperies ; de les porter fidélement par écrit ;
comme Réglemens faits, à nofdits amez
& féaux tenans notre Confeil de Commerce ; afin que par ce moyen nous
puffions fur lefdites chofes, le plus meu-
rement & utilement qu'il nous fera poffible , ftatuer & apporter le remede
competent. Ayant donc veu & examiné
les délibérations & projets adreffez par
lefdites perfonnes à nofdits amez &
féaux par écrit, ainfi qu'il avoit efté ordonné : Ayant auffi oüy à fond ces mêmes perfonnes dans toutes les chofes
qu'elles peuvent dire, propofer & confeiller touchant les fufdites chofes en ce

circà diverfa opera, five artes me-chanicas, aut eorum aliqua vel ali-quas olim editis diligenter infpectis; ac deliberatione maturâ cum dictis noftris gentibus, ac etiam cum Præ-pofito Mercaturæ Parifienfis, & aliis, habita, & de noftrorum confilio, ac aliis quæ nos ad hoc inducere pote-rant fedulâ meditatione penfatis, ut prædictæ fraudes committi non va-leant circà dicta opera five artes: ORDINATIONES FECIMUS infrà fcriptas, quas in fingulis & om-nibus earum articulis perpetuè & in-concuffè ab omnibus fervari volumus & mandamus: Dictas verò Ordina-tiones noftras, ut à perfonis dicta ope-ra five artes exercentibus, quæ ut plu-rimùm Latinum non intelligunt, fa-ciliùs & abfque interprete intelligi valeant, & per hos faciliùs obfervari, non in Latino, licet ftilus Curiæ no-ftræ hoc poftulet, fed in Gallico di-ctari & fcribi fecimus fub hâc formâ.

qui les peut concerner; & outre ce après avoir veu diligemment certains anciens Réglemens touchant divers Ouvrages ou Arts mécaniques, tant en général, qu'en particulier; & après une meure délibération avec nofdits amez & féaux, & même avec le Prevoft des Marchands de la Ville de Paris, & par notre Confeil; & après avoir foigneufement confideré tout ce qui nous pouvoit porter à cela: NOUS avons fait les Ordonnances cy-deffous écrites, que Nous voulons & fouhaitons eftre gardées de point en point à jamais & inviolablement par tout notre Royaume. Et afin que ces Ordonnances puiffent eftre entendues plus facilement & fans Interprete par les perfonnes exerçant lefdits Ouvrages ou Arts, qui pour la plûpart n'entendent pas la Langue Latine, & par ce moyen eftre plus facilement obfervées, Nous les avons fait dicter & écrire, non en Latin, comme le ftyle de notre Cour le veut, mais en François, en ces termes.

PREMIEREMENT.

Que nul ne fera ni ne pourra eftre Tanneur, s'il n'eft Fils de Maiftre, ou s'il n'a efté Apprentif cinq ans au moins audit Meftier, parquoi il y fçache faire bonne œuvre & loyal.

Item, Et encore tels Fils de Maiftre, Apprentifs, ni autres perfonnes quelconques, ne pourront avoir ni tenir ledit Meftier à Paris, ni ufer de la Franchife & Privilége dudit Meftier par eftranges Tanneurs & Ouvriers, s'ils ne font demeurans & réfidens à Paris, & s'ils ne le font faire en leurs propres lieux & hotels, pour les fauffes & mauvaifes œuvres qu'ils y pourroient faire, & pour autre caufe.

Item, Et convient qu'aucun ait été Apprentif audit Meftier cinq ans ou plus à Paris ou ailleurs, foit Fils de Maiftre ou autre; fi ne pourra ledit Meftier commencer ni faire comme Maiftre, jufqu'à tant qu'il ait acheté ledit Meftier de Nous, ou de celui qui de par Nous le veut, fi comme il eft

accoutumé,

accoûtumé, & qu'il y ait esté examiné par les Maistres Jurez dudit Mestier, & trouvé pour suffisant.

ITEM, Et quand il aura esté trouvé pour suffisant, & voudra commencer sondit Mestier, il jurera sur Saints pardevant lesdits Maistres ; jurer qu'il y fera & y fera faire bonne œuvre & loyale à son pouvoir, & gardera les Ordonnances dudit Mestier de point en point, & le profit de Nous & du commun Peuple, sans y faire souffrir, ni consentir, ni commettre fraude, ni mauvaise œuvre, ni chose qui soit contre les Registres & Ordonnances ; & au cas qu'il sçaura qu'aucun fera le contraire, il le révélera ausdits Maistres Jurez.

ITEM, Et quand il commencera sondit Mestier, il payera vingt sols ausdits Maistres, qui pour le temps seront, à convertir là où ils verront qu'il sera profitable pour conseiller & garder ledit Mestier.

ITEM, Et que chacun Tanneur puisse avoir un Apprentif ou deux, & non plus ; toutefois par tel temps & pour tel prix que lui & l'Apprentif seront d'accord, sauf que ce ne soit pas au moins de cinq ans, mais à plus s'ils veulent ; & les cinq ans faits, l'Apprentif s'en pourra partir, & devenir Maistre en la maniere cy-dessus déclarée, & non autrement.

ITEM, Que tous les Tanneurs de Paris, demeurans & ouvrans à Paris, pourront vendre & acheter franchement, tant ès Halles & Foires cy-dessous déclarées, comme ailleurs, selon qu'ils ont accoûtumé au temps passé.

ITEM, Que ès Villes de Paris, de Pontoise, de Gisors & de Chaumont, ou en chacune desdites Villes, seront quatre Prud'hommes Jurés dudit Mestier de Tanneur pour regarder & visiter toute maniere de Cuir tanné, pour sçavoir qu'il soit bon & loyal & bien suffisamment tanné avant qu'il soit mis en vente ; & si par eux est trouvé bon & loyal & bien tanné, qu'il soit signé d'un certain seing en chacune Ville accoûtumé ; & s'il n'est suffisamment tanné, qu'il soit arriere-mis en tan, jusqu'à tant qu'il soit bien & suffisamment tanné ; & que nul des Tanneurs desdites Villes ne soient si hardis de vendre ni porter en Foire & ès Marchez aucun Cuir tanné, s'il n'est avant veu, visité & signé dudit seing, comme dit est : Et s'il y a aucun trouvé faisant le contraire, que ceux qui les feront en soient corrigez, & contraints à amender si comme il appartiendra ; de laquelle amende Nous, ou ceux à qui il appartiendra, auront les deux parts, & les Gardes & Jurez dudit Mestier la tierce pour leur peine. Et en cas que le Cuir sera tanné sec, & qu'il ne pourra estre amendé, il sera ars, & l'amendera de la valeur du Cuir, moitié à Nous, & moitié ausdits Maistres & Jurez : Et si celuy qui sera ainsi reprins est trouvé coûtumier en faire, il l'amendera d'amende arbitraire.

ITEM, Qu'en la maniere dessusdite soit fait & tenu par toutes les autres Villes de notre Royaume où l'on se mêlera de tanner Cuirs.

TANNEUR.   C c

Item ; Que si aucuns apportent aucunes denrées de Cuir tanné en la Ville de Paris ou ailleurs, soit en Foire ou Marché, qui n'ayent été visitées & soignées, comme dit est, que ceux qui les apporteront ne soient si hardis de les mettre ni exposer en vente jusqu'à tant qu'elles ayent esté vûës & visitées par les Maistres Jurez des lieux où lesdites Marchandises seront apportées, sur les peines dessusdites : & au cas où le Cuir se trouve verd & mal tanné, il l'amendera, & sera remis au tan ; & s'il est sec, & tel qu'il ne puisse estre amendé, il sera ars, & l'amende comme dessus.

Item, Que nuls Tanneurs de Paris ni autres ne vendront ni exposeront en vente Cuirs tannez, jusqu'à tant qu'ils ayent ôté le tan d'alentour desdits Cuirs : car le tan ne profite point, puisque le Cuir est levé hors de la fosse ; & aussi est-ce grand dommage pour ceux qui l'achetent, & en est plus cher.

Item, Que nuls Marchands de dehors, quels qu'ils soient, ne vendent nulles des denrées dessusdites, fors qu'en Foires ou en Marchez, afin que l'on ne fasse aucun marché fors d'eux.

Item, Il est ordonné que si aucun Cuir verd & mouillé, soit de Paris ou de dehors, est exposé en vente commune à vendre à Paris, soit ès Halles & en Marché, ou dehors, s'il est trouvé & témoigné par les Maistres & Jurez pour mal tanné ; & que si l'autre l'a exposé & mis en vente, l'amendera de dix sols, dont les six sols seront payés, ou à ceux qui ont ou auront cause de Nous, les quatre sols ausdits Maistres & Jurez pour leur peine, & pour ledit Mestier garder & soûtenir ; & dès-lors sera ledit Cuir pris par lesdits Jurez, & livré à celuy à qui il sera pour mieux tanner, & jurera qu'il ne le vendra en quelconque lieu jusqu'à tant qu'il soit suffisamment tanné : & où depuis il peut estre trouvé qu'il le vende sans retanner, ledit Cuir sera surfait & ars, & l'amendera d'autant comme la premiere fois ; & s'il en est coûtumier & plusieurs fois reprins, il en sera pris par l'arbitrage du Prevôt de Paris selon son desir : Et si le Cuir sec & mal tanné exposé en vente, & qui ne peut estre amendé, est réputé pour faux & mauvais, & digne d'être ars publiquement, & qu'on l'aura exposé & mis en vente, l'amendera d'autre amende, comme de Cuir mouillé ; & s'il en est coûtumier & plusieurs fois reprins, il en sera puni comme en l'article précédent.

Item, Et pource que les Bouchers de Paris, leurs valets, & autres Marchands qui achetent Cuir à poil, sont coûtumiers de le moüiller & abbreuver à l'eau pour le faire plus gros, semble estre meilleur pour le plus vendre aux Tanneurs ; défendu est que doresnavant ne le moüilleront ni abbreuveront, & ne le feront mouiller ni abbreuver avant ce qu'il vienne & il peut venir en connoissance ; il en rendra le dommage au Tanneur, & l'amendera de la valeur de la moitié du Cuir, dont les deux parts

de l'amende feront à Nous, & la tierce partie aufdits Maiftres & Jurez,
en la maniere deſſufdite ; & celui qui en fera coûtumier & pluſieurs fois
reprins, en fera puni civilement felon l'arbitrage dudit Prevoſt, comme dit
eſt deſſus.

ITEM, Et ce aucun Tanneur trouve ou achete tels Cuirs abbreuvez, il eſt
tenu par ferment fans faveur, & fans accorder fon dommage, de le dire &
révéler aufdits Maiftres fi-toſt comme il s'en appercevra, & de leur montrer
le Cuir pour fçavoir s'il eſt tel ; & s'il ne fait & le révele, il l'amendera de
femblable amende & peine comme le vendeur.

ITEM, Et pource que pluſieurs Marchands de ladite Ville de Paris,
comme Baudroyeurs, Cordoüanniers, Sueurs, & autres Marchands, vont
acheter Cuirs tannez hors de ladite Ville en pluſieurs Foires & Marchez,
tant au Royaume comme hors, qui font & peuvent eſtre faux & mal tannez, & non dignes d'eſtre vendus & mis en œuvre : ORDONNÉ eſt,
& deffendu, qu'ils ne pourront expoſer en vente, ni mettre en œuvre
ni en conroy aucuns Cuirs non fignez, jufqu'à tant que les Jurez les ayent
veus & viſitez, & que dès-lors qu'ils feront arrivez, qu'ils le faſſent à fçavoir aufdits Jurez : Et auſſi que nuls Tanneurs ni Marchands Forains ne
puiſſent vendre Cuir tanné en ladite Ville ni ès Fauxbourgs, fi ce n'eſt en
nos Halles ordonnées & accoûtumées à ce faire, & à foires qui font ouvertes pour toutes manieres de gens qui y voudront venir. C'eſt à fçavoir
ès cinq Foires qui font ès cinq Feſtes de Noſtre-Dame, en la Foire Saint
Germain, qui dure vingt jours ou environ, en la Foire Saint Laurent,
en la Foire de Saint Barthelemy, & en la Foire de Saint Ladre, qui dure
dix-fept jours ou environ, & tout afin que efdits lieux communs l'on puiſſe
voir, viſiter & appercevoir fi les denrées font bonnes & loyales ou non,
& que nous en ayons notre coûtume : & fi elles font trouvées fauſſes ou
mal tannées, l'Ordonnance & la peine dont parlé eſt ès Articles précé-
dens, faifant mention du Cuir tanné, moüillé & fec, feront gardées de
point en point.

ITEM, Que toutes manieres de Baudroyeurs & Conroyeurs, & autres
qui fe mêlent de conroyer Cuirs tannez en la Ville de Paris & ès Fauxbourgs, faſſent bon conroy & loyal, & que nul ne foit fi hardi de faire
aucun faux conroy.

ITEM, Et que nul tel qu'il foit, qui s'entremette de faire foules & beu-
fauls en la Ville de Paris & des Fauxbourgs, ni œuvre, ni faſſe ouvrer de
Cuir conroyé & fans conroy ; car jaçoit que le Cuir foit bien tanné, s'il
n'eſt bien conroyé, il tient & boit l'eau, fi que nul ne peut avoir le pied
fec dedans les fouliers qui en font faits ; & quand le Cuir eſt bien conroyé,
l'eau ne peut les tranfpercer.

ITEM, Et auſſi que autrefois a été ordonné, ordonnons que nuls deformais en avant, ne puiſſe tenir le Meſtier de Conroyerie de Cordoüan, s'il n'achete ledit Meſtier de Nous, ou de celui qui a le pouvoir de le faire, lequel Meſtier il achetera quinze ſols pariſis, deſquels nous en aurons dix ſols, & les Maiſtres dudit Meſtier qui établis feront à iceluy garder, en auront cinq ſols, leſquels cinq ſols feront diſtribuez en aumônes par leſdits Maiſtres aux pauvres hommes dudit Meſtier qui ne pourront gagner leur pain.

ITEM, Que les Conroyeurs qui conroyent le Cordoüan à Paris, jurent ſur les Saints Evangiles, que bien & loyament ils conroyeront le Cordoüan à tout leur pouvoir, & ſi qu'il n'y ait point de défaut.

ITEM, Et que ceux qui audit Meſtier voudront entrer d'icy en avant, & qui acheté l'auront, comme dit eſt, ils feront examinez par les Maiſtres dudit Meſtier, à ſçavoir s'ils feront ſuffifans de tenir ledit Meſtier de Conroyeur de Cordoüan.

ITEM, Et que chacun dudit Meſtier puiſſe avoir un Apprentif ou deux, & non plus, qui ſoit Apprentif à quatre ans au moins, & pour tel prix comme le bailleur & preneur accorderont.

ITEM, Et que s'il avenoit qu'aucune perſonne dudit Meſtier eût levé fondit Meſtier, & auroit pris aucun Apprentif à certain terme, & il avenoit que l'Apprentif ſe partiſt de ſon Maiſtre avant que ſon terme fût accompli, & autre dudit Meſtier le priſt pardevers ſoy, celuy qui le prendroit, ou prendra, ſera à quatre ſols pariſis d'amende, & reviendra ledit Apprentif à fondit premier Maiſtre, comme devant achever fondit ſervice, & feront aucune excuſe ſi défaut de faire ſon ſervice, ains le tienne qu'il ne ſoit reçu audit Meſtier juſqu'à tant qu'il ait fait ſon terme à fondit Maiſtre, ſi ce n'eſt par le commandement du Prevoſt de Paris, ou de celui qui garde les Regiſtres.

ITEM, Que nuls dudit Meſtier, ſoit Maiſtres, Valets ou Apprentifs, ne puiſſent ouvrer audit Meſtier de Conroyeur de Cordoüan, de nuit, mais commenceront à ouvrer depuis jour commençant juſqu'au jour faillant, & lairont œuvre à jour faillant.

ITEM, Que nul dudit Meſtier ne puiſſe ouvrer audit Meſtier, ne faire au Dimanche & Feſtes d'Apôtres, ni à jour qui eſt feſtable, ni au Samedy depuis le dernier coup de Veſpres ſonné en la Paroiche où aucun dudit Meſtier demeureroit.

ITEM, Et que s'il avenoit qu'aucuns deſdits Conroyeurs qui ont acheté ledit Meſtier de Nous, comme dit eſt, eût pris aucun Apprentif à certain terme ; le Maiſtre qui aura pris ledit Apprentif en la fin de la derniere année, pourra prendre, s'il lui plaît, autre Apprentif, afin que ſi au bout du terme l'Apprentif ſe départoit de ſon Maiſtre, que l'Apprentif qu'il auroit pris, de ce ſçût aucune choſe.

ITEM, Que quand aucun dudit Meſtier aura œuvre pardevers lui pour

conroyer

conroyer, il la conroyera bien & suffisamment, & y mettra assez sain selon que le Cuir le desirera ; c'est à sçavoir, à conroyer une douzaine de Cordoüan ou plus fort, il en mettra cinq quartes de sain ; au moyen appellé Tonne Valence, Ciroude, Barcelonne & Limons, cinq quartes & demie ; & en moyenne de Toulouze, trois quartes : de Navarre & d'Espagne, aussi comme de Toulouze en gros lins de graisse, quatre quartes : en Chévrotins, trois pintes, ou deux quartes : En Chévres communes, trois quartes ou environ, & plus en chacun, selon qu'il en sera mestier ; & s'il est trouvé faisant le contraire, il payera cinq sols ; car pour chacune douzaine d'amende en valuë.

ITEM, Que si les Conroyeurs trouvent aucunes peaux de Cordoüan qui ne soient bonnes ni suffisantes, & suffisans à conroyer, ils les vendront aux Marchands sans conroyer, ni qu'ils les puissent faire conroyer.

ITEM, Que nuls ne puissent mettre peaux estuves en conroy, si elles ne sont telles & si suffisantes qu'elles puissent & doivent estre mises en œuvre : Et afin que cela se puisse faire commodément & dûëment, le Cordoüan blanc si-tôt comme il sera venu dehors à Paris avant ce qu'on les voye, ou puisse exposer en vente, ne baillera à conroyer sans visite, & pour ôter le mauvais d'avec le bon.

ITEM, Que chacun Conroyeur aura son seing, & aussi chacun Cordonnier le sien, desquels seings les peaux qui seront baillées à conroyer seront signées, afin de connoître celuy qui sera de faux conroy ; & que collation se fasse des seings, afin qu'ils ne s'entre-ressemblent.

ITEM, Que s'il y avoit aucuns Marchands ou Cordoüanniers qui voulussent leur Cordoüan faire conroyer, & voulussent moins bailler sain ou graisse qu'il ne devroit entrer par raison, lesdits Conroyeurs ne seront tenus de le conroyer, ni ne le conroyeront s'ils n'ont tant de sain ou de graisse comme il appartient par raison. Et aussi si lesdits Conroyeurs conroyent aucun Cordoüan à leur profit, & qu'il soit leur, ils le conroyeront bien & loyament, & y mettront tant de sain & de la graisse comme il est devisé dessus.

ITEM, Qu'avant ce que les peaux conroyées sortent des mains des Conroyeurs, elles seront vûës & visitées par les Maistres Jurez à ce ordonnez, deux jours ou trois au plus tard après qu'elles auront esté conroyées : Et s'il se trouve qu'il y ait aucun Cordoüan qui ne soit bon ni suffisant pour mettre en œuvre à faire soulier, iceluy Cordoüan ainsi trouvé non suffisant sera ars devant le Peuple, afin que les autres y prennent exemple.

ITEM, Que les Conroyeurs rendront les peaux qui baillées leur seront à conroyer . . . . . conroyées : C'est à sçavoir d'entre Pâques & la saint Remy dedans . . . jours, après ce que baillez leur auront esté, & de la saint Remy à Pâques dedans . . . . au plûtard.

TANNEUR.   D d

ITEM, Que fi chez aucun ou aucuns, quel ou quels qu'ils foient, feront Conroyeurs, Baudroyeurs, Cordoüanniers, Sueurs ou autres qui conroyent ou s'entremettent d'ouvrer Cuir tanné, eſt trouvé Cuir quel qui foit ouvré ou non ouvré à faux conroy, il fera ars devant l'hoſtel à celuy chez qui il fera trouvé, & l'amendera fuivant l'Ordonnance du Prevoſt de Paris.

ITEM, Et pource qu'aucun faux & mauvais conroy, ni œuvre de faux ou mauvais conroy deformais ne foit faits ni mis en œuvre à Paris, Nous avons ordonné que diligemment & fouvent fe faſſe vifitation fur les Meſtiers de Cordoüanniers, Baudroyeurs, Conroyeurs & Sueurs : au moins fe fera vifitation en tous les quatre Meſtiers deſſuſdits en chacun quinze jours deux fois.

ITEM, Que ladite vifitation fera faite ès quatre Meſtiers deſſuſdits par huit des Maiſtres des quatre Meſtiers deſſuſdits : C'eſt à fçavoir de chacun des quatre Meſtiers deſſuſdits, deux des Maiſtres, ou par quatre des Maiſtres des quatre Meſtiers deſſuſdits ; mais que de chacun defdits quatre Meſtiers toutes fois foit un des Maiſtres au moins.

ITEM, Que les huit ou les quatre Maiſtres des quatre Meſtiers deſſuſdits, jureront aux Saints Evangiles qu'ils feront ladite vifitation diligemment & fouvent, au moins en chacun quinze jours par deux fois, fans faveur ou déport d'aucun.

ITEM, Que les huit ou les quatre Maiſtres des quatre Meſtiers deſſuſdits feront la vifitation tous enfemble, & fur tous les quatre Meſtiers deſſuſdits.

ITEM, Et que quand les huit ou quatre Maiſtres des quatre Meſtiers deſſuſdits voudront faire la vifitation fur les quatre Meſtiers deſſuſdits par leur ferment, ils la feront fi fagement & fecrétement, qu'aucun des quatre Meſtiers deſſuſdits ne le puiſſe fçavoir ni appercevoir, jufqu'à tant que les Vifiteurs s'en viendront fur le point vifiter.

ITEM, Nous ordonnons pour ôter toutes fraudes & faveurs, que lefdits Maiſtres Vifiteurs pourroient faire entre-eux, & chacun par foi en leurs Meſtiers, que preux Maiſtres Vifiteurs feront vifitez fouvent & diligemment, au moins en quinze jours deux fois, fi comme les autres de leurs Meſtiers.

ITEM, Et que pour vifiter lefdits Maiſtres Vifiteurs, feront chacun an élûs par les quatre Maiſtres deſſuſdits, au jour qu'ils élifent les Maiſtres de leurs Meſtiers, huit perfonnes defdits Meſtiers, autres que les Maiſtres : C'eſt à fçavoir de chacun defdits Meſtiers deux perfonnes ; lefquels huit Elûs, ou quatre d'iceux, mais que de chacun defdits quatre Meſtiers en y ait un, vifiteront diligemment & fouvent lefdits Maiſtres, qui vifiteront le commun defdits quatre Meſtiers & en moins de quinze jours en quinze jours deux fois, comme dit eſt ; & jureront lefdits huit perfonnes élûs pour vifiter lefdits Maiſtres, que bien & diligemment ils les vifiteront en la maniere que deſſus eſt dit, fans nulle faveur ou déport.

ITEM, Que quand lefdits huit Elûs, ou quatre d'iceux, feront ladite vifitation fur lefdits Maiftres Vifiteurs, ils la feront fi fagement & fecrétement
tous enfemble, qu'aucun defdits Maiftres ne le puiffe fçavoir ni appercevoir,
jufqu'à tant qu'ils viendront chez celui ou ceux qu'ils vifiteront.

ITEM, Que fi les huit ou quatre Elûs, pour vifiter lefdits Maiftres Vifiteurs, en la vifitation faifant ou autrement fur iceux Maiftres trouvant aucuns
faux ou mauvais conroy fur lefdits Maiftres ou aucuns d'eux, foit Cordoüan,
Houfiaux ou autrement, tantôt & fans délay par leurs fermens, & fans
faveur ou déport d'aucun, ledit faux conroy ils le prendront, & le porteront
ou feront porter au Prevoft de Paris, ou à fon Lieutenant; lequel Prevoft ou
Lieutenant, ledit faux & mauvais conroy ainfi trouvé fera ardoir devant la
maifon de celuy ou de ceux defdits Maiftres fur qui lefdits faux & mauvais
conroy aura été trouvé, & l'amendera d'amende arbitraire, felon l'Ordonnance du Prevoft de Paris.

ITEM, Et que fi lefdits huit ou quatre Elûs pour vifiter lefdits Maiftres,
ou aucun d'iceux, déportent ou recelent aucun defdits Maiftres, ou autres,
qui ait en fa maifon ou ailleurs, ou qui faffe aucun faux ou mauvais conroy;
ils feront tenus & réputez pour parjures, & l'amenderont à Nous d'amende
arbitraire.

DAMUS autem Præpofito Pa-
rifienfi, cæterifque Juftitiæ noftris,
aut eorum loca tenentibus, qui nunc
funt, aut qui pro tempore fuerint, &
eorum quilibet præfentibus, in man-
datis, ut Ordinationes prædiclas, &
in eis contenta prout ad querelam per-
tinent, teneri faciant ab omnibus &
fervari executioni debitè demandari.
Et ne fuper præmiffis & eorum ali-
quo diclas Artes feu opera exercentes,
aut eorum aliqui præteritæ ignoran-
tiæ, aut aliter fe excufare aliqualiter
valeant, in locis publicis & infigni-
bus, & aliter prout expedient, fo-
lemniter publicari; taliterque corri-
gant & puniant prædiclas Artes feu
opera exercentes, quos præmiffas Or-
dinationes noftras aut earum aliquam
vel aliquas infregiffe vel contrà eas
feciffe conftiterit, quod cedat cæteris

SI DONNONS en mandement à
nôtre Prevoft de Paris, à tous autres Juges & Officiers qu'il appartiendra, ou
leurs Lieutenans, qui font maintenant,
auffi-bien que leurs Succeffeurs, d'avoir
foin de les faire homologuer par tout
où il appartiendra, pour eftre gardez &
obfervez felon leur forme & teneur,
touchant les plaintes qui nous ont efté
faites, de tenir la main à l'exécution des
Préfentes. Et afin que ceux ou quelques-
uns de ceux qui exercent ces Arts ou
Meftiers, ne puiffent prétendre caufe
d'ignorance, ou s'excufer en quelque
forte & maniere que ce foit, Mandons
de les faire publier folemnellement dans
les lieux publics & remarquables, ou
autrement felon qu'il fera expédient; &
de châtier & punir tellement ceux qui
notoirement auront efté contre nofdites
Ordonnances, ou quelqu'une en parti-

in exemplum. Et ut omnia singula in prædictis Ordinationibus nostris contenta, rata & stabilia perpetuò perseverent, præsentibus nostrum nominum fecimus apponi sigillum. Actum Parisiis in Parlamento nostro, anno Domini millesimo trecentesimo quadragesimo quinto, mense Julio. Datum Parisiis, visionibus hujusmodi, 6. die Augusti, anno Domini 1345. Et estoient ainsi signées : Per Cameram. G. de Dol : facta est collatio cum originali.

culier que le châtiment serve d'exemple aux autres. Et pour que toutes ces choses, & chacune d'elles en particulier contenuës dans nos Ordonnances cy-dessus, demeurent à jamais fermes & stables, Nous y avons fait apposer notre Scel. FAIT dans notre Parlement de Paris, l'an de notre Seigneur mil trois cens quarante-cinq au mois de Juillet. Et donné à Paris, vûë ainsi, le sixiéme jour du mois d'Aoust de ladite année 1345. Et estoient ainsi signez : *Per Cameran, G. de Dol :* la collation a esté faite sur l'original.

Ce que dessus a esté extrait, tiré & colligé par les Notaires du Roy au Chastelet de Paris, soussignez, sur un Registre écrit en parchemin, relié & couvert d'une couverture de bois & basanne verte : ce fait, rendu, le vingt-huitiéme Aoust 1655. Signé, LE CARON & CHAPPERON.

Imprimé du temps de JEAN JAMBU ; PIERRE-MICHEL SEBILLE , SIMON PREVOST , & SEBASTIEN BAUDRAN , *Jurez en Charge de la Visitation Royale de la Communauté.*

Réimprimé en 1754 du temps de NICOLAS LE ROY , JACQUES-FRANÇOIS TESTARD , FRANÇOIS MEILLIAT & CRESPIN PIGAL , *Jurez en Charge de la Visitation Royale de la Communauté.*

DES DROITS QUE L'ON PERÇOIT
sur les Cuirs.

322. LE travail de l'Académie sur les Arts, a pour objet le progrès des Arts & le bien général de l'humanité : mais le bien particulier de ce Royaume doit entrer pour quelque chose dans les vues d'une Compagnie de Citoyens ; c'est ce qui m'engage à parler ici des droits établis en France sur les Cuirs, & de leur administration fiscale : cet objet n'a toujours que trop d'influence sur le bien des Arts, & sur leur progrès dans un Royaume ; je vais donc hazarder, sur cette partie de l'administration, des remarques tirées de la nature de l'Art que je viens de décrire, & des considérations qui sont une suite de ce qui précede.

323. Si cette branche de Commerce avoit été dirigée avec foin , protégée au dedans & au dehors par des Réglements bien entendus & bien exécutés, on éprouveroit qu'elle eft d'une étendue & d'une fécondité confidérable ; il ne faut que réfléchir fur la quantité de la matiere premiere qui fe reproduit fans ceffe , la multitude des formes différentes dont elle eft fufceptible , le nombre prodigieux des Ouvriers qui y font occupés , enfin la néceffité abfolue & indifpenfable dont elle eft à tous les hommes.

Malgré le délabrement & la mifere où cette Fabrication eft réduite , on eft étonné du nombre prodigieux d'Ouvriers qui en fubfiftent , & qui s'en occupent encore actuellement. A Paris , le Fauxbourg Saint-Marceau en contient plus de cinq cents : il n'y a pas une Ville ou un Bourg dans le Royaume qui ne renferme des Tanneurs ou d'autres Ouvriers en Cuirs.

Mais , comme difoit M. Sully , il n'y a chez nous aucune fource de richeffe & d'abondance *que le mauvais ménage n'ait gâtée & défordonnée.* Les Impôts , foit par leur quantité , foit par la forme de leur perception , accablent l'induftrie nationale ; ils en étouffent les progrès , & ils dévorent l'Etat, au lieu d'en être la force & le foutien.

324. Avant l'Edit du mois d'Août 1759 , cette partie de l'Adminiftration & du Commerce étoit livrée à des abus intolérables : la multitude , l'obfcurité , & les contradictions des Loix qu'on avoit faites de temps à autres fur ce fujet , avoient rendu la réforme impoffible , à moins d'un changement total dans l'Adminiftration; & c'eft ce que M. Silhouette entreprit (325).

Les Offices créés anciennement fur les Cuirs , n'avoient d'autre motif réel que de procurer des fecours à l'Etat dans des temps de détreffe : le prétexte étoit , à la vérité , de commettre des Surveillants à l'examen du bon apprêt des Cuirs ; mais la multiplicité & la forme de ces établiffements prouvoient affez la réalité du motif : il faut peut-être en excepter le premier Edit dont j'ai parlé ci-deffus (321) ; mais il fut fuivi d'une foule de Loix burfales , qui dégénérerent beaucoup de la pureté du premier établiffement : auffi vit-on naître delà une foule de Vifiteurs , Contrôleurs , Prud'hommes , Vendeurs , Lotiffeurs , Déchargeurs , qui fe préfentoient au hazard , & achetoient le droit de vexer le Commerce : les regles de la fabrication , la bonne ou mauvaife qualité des Cuirs leur étoient inconnues; toute leur attention & tout leur intérêt confiftoit à percevoir rigoureufement leurs droits , & quelquefois au-delà , fans égard à la fidélité de l'ouvrage , tandis que le Fabriquant étant toujours plus vexé , tendoit toujours de plus en plus vers le relâchement. Quel petit expédient & quelle foible reffource pour un Etat immenfe , que des Offices de fi peu de conféquence , payés une feule fois à l'Etat , & deftinés pour toujours à ronger la fubftance des Fabriques , & à les vexer à perpétuité !

Dans ce Code burfal , on débute toujours par fe plaindre de quelques abus dans l'apprêt ou dans la vente , de quelques rufes employées par les Fabriquants pour échapper à la vigilance des Préposés, ou pour éluder le paiement des droits des Officiers ; mais le remede est toujours de nouveaux Officiers & de nouveaux droits.

La complication de ces Loix étoit devenue si grande, que les Officiers de la Cour des Aides craignoient d'avoir des jugements à rendre sur ces matieres ; la Déclaration même de 1706, & mille autres Loix de ce Code, remplies d'imperfections & de vices, donnoient lieu à des contestations perpétuelles : envain la Cour des Aides essayoit de terminer, de prévenir, d'éclaircir, de concilier les difficultés par ses Arrêts & ses Réglements : c'étoit une hydre toujours renaissante, & dont l'autorité Royale pouvoit seule nous garantir.

325. En général les impôts, les marques, les charges, qu'on établit sur les matieres qui sont dans le cours de leurs fabrications, sont des ressources qui deviennent tôt ou tard ruineuses pour l'Etat, parce qu'elles sont insupportables pour le Commerce. On ne dira pas que les Inspecteurs, les Contrôleurs, les Visiteurs peuvent assujettir l'Ouvrier aux procédés de la bonne regle & des saines maximes de l'Art ; ils ne sont point chargés de cela, & ils n'y prennent aucun intérêt ; ils seront cause bien plutôt des malversations qu'on commettra dans la fabrication. On a vu des Ouvriers qui tannoient du Cuir fort dans des cuves de coudrement, pour qu'on ne les vît pas dans leurs fosses, où on les auroit marqués, & pour pouvoir les soustraire plutôt à l'examen des Commis.

D'ailleurs ce ne sont pas ces sortes d'examens qui augmentent les soins des Fabriquants ; c'est leur intérêt & leur émulation ; c'est l'espérance de conserver & d'étendre leur débit ; c'est la sûreté & l'étendue du Commerce établi dans le Royaume ; c'est l'avantage d'être recherchés par l'estime qu'on aura pour leurs ouvrages ; c'est l'envie de surpasser leurs semblables, qui les encourage à donner à leurs travaux une plus grande perfection : le Consommateur & le Public sont les juges & les surveillants de la Fabrique ; ils font la réputation & la récompense du bon Ouvrier. Toute autre visite, si ce n'est tout au plus celles des Communautés sur leurs propres membres, (encore cela exige bien des restrictions & des ménagements) toute autre recherche doit être regardée comme infructueuse & nuisible.

326. L'industrie demande une liberté entiere dans ses opérations, une confiance certaine dans ses espérances. « La Finance, dit M. de Montesquieu, » (*Esprit des Loix*, *liv*. 20, *ch*. 12,) détruit le Commerce par ses injustices, » par ses vexations, par l'excès de ce qu'elle impose ; mais elle le détruit » encore, indépendamment de cela, par les difficultés qu'elle fait naître & » les formalités qu'elle exige. » Elle attaque à la fois la liberté, la confiance & l'industrie.

Le Financier toujours allarmé, défiant, gênant, & impérieux, veut pénétrer par-tout ; il trouble, il interrompt les procédés les plus importants &

les plus délicats des Fabriques ; tout doit être ouvert à ses soupçons ; les Regiſtres & les Livres de raiſons ne ſont plus les dépoſitaires ſecrets de la fortune & de la tranquillité d'un Citoyen ; les procédés particuliers que ſon imagination découvrira pour le progrès de l'Art, les inſtruments particuliers dont il pourra ſe ſervir, les tentatives qu'il voudra faire, tout ſera examiné, dévoilé par le Commis, qui cherche la contravention & la fraude dans le myſtere le plus innocent.

327. Tout ce que je viens de dire avec la liberté d'un Citoyen, eſt autoriſé par l'Edit même, qui a mis fin à toutes ces calamités, & qui fut donné au mois d'Août 1759. Je vais le rapporter ici, comme formant le dernier état de la Juriſprudence en cette partie.

ÉDIT DU ROI,

Portant ſuppreſſion des Offices de Jurés-Vendeurs, Prud'hommes, Contrôleurs, Marqueurs, Lotiſſeurs & Déchargeurs de Cuirs & autres, ſous quelque nom que ce ſoit, ainſi que des droits à eux attribués : Et établiſſement d'un Droit unique dans tout le Royaume ſur les Cuirs tannés & apprêtés. (XIV articles).

Donné à Verſailles au mois d'Août 1759.

Avec le Tarif des Droits, du 9 Août 1759.

Regiſtré en Parlement le 11 Septembre 1759.

LOUIS, PAR LA GRACE DE DIEU, ROI DE FRANCE ET DE NAVARRE : A tous préſents & à venir ; SALUT. Dès les temps les plus reculés de la Monarchie, les Rois nos prédéceſſeurs ont veillé par des Réglements à ce qui concernoit la conſommation des Cuirs, & particuliérement à la perfection de leur apprêt ; & les droits ſur cette marchandiſe ont la même ancienneté. Mais ces droits, originairement établis pour être levés dans tout le Royaume, ont été négligés dans quelques Provinces, & dans les autres ils ont été perçus d'une maniere inégale qui a conſidérablement altéré le cours du commerce ; quoique dans pluſieurs endroits les droits ſur les Cuirs ſoient exceſſifs, ces marchandiſes n'en ſont pas moins ſujetes à les payer à chaque vente & revente, ce qui a occaſionné la chûte d'un grand nombre de Tanneries & de Mégiſſeries. En effet, nous avons remarqué que, malgré le droit de vingt pour cent établi ſur les Cuirs tannés ou corroyés venant de l'étranger, il ne laiſſe pas d'en être apporté pour des ſommes conſidérables dans notre Royaume, d'où ces mêmes Cuirs ſont la plupart ſortis en verd. L'aliénation faite par les Rois nos prédéceſſeurs, des droits ſur les Cuirs à divers Officiers, nous a empêché de connoître pendant long-temps la cauſe de la perte d'une Manu-

facture fi néceffaire, & d'une main-d'œuvre qui floriffoit autrefois en France ;
nous avons reconnu qu'elle ne pouvoit être attribuée qu'aux gênes impofées
fur le commerce des Cuirs par ces divers Officiers, chacun dans leur diftrict,
& à la rigueur & à l'inégalité des droits. Ce motif feul fuffiroit pour nous
engager à y porter un prompt remede ; mais par les repréfentations qui nous
ont été faites à ce fujet, nous avons eu occafion de reconnoître que la
perception du droit n'a aucune proportion avec la médiocrité des finances
qui ont été payées par les Engagiftes. C'eft dans ces différentes vues que
nous nous fommes déterminés à fupprimer tous les Offices établis pour la
marque & la police du commerce des Cuirs, ainfi que tous les droits attribués à ces divers Offices, & à y fubftituer un droit modéré qui ne fera perçu
qu'une feule fois fur les Cuirs tannés & apprêtés dans toute l'étendue de
notre Royaume ; pour qu'il foit encore moins onéreux à nos peuples, nous
avons jugé convenable de fupprimer les droits impofés fur les Cuirs au paffage réciproque d'une Province de l'intérieur dans une autre Province réputée étrangere ; enfin nous avons cru devoir établir fur la fortie des Cuirs
verds un droit qui en conferve la main-d'œuvre à nos fujets. Nous efpérons,
par ces diverfes mefures, parvenir tout à la fois à rétablir le commerce des
Cuirs, & à nous procurer fur cet objet de confommation un fecours dont
nous avons befoin. A ces Causes & autres à ce nous mouvant, de l'avis
de notre Confeil, & de notre certaine fcience, pleine puiffance & autorité
Royale, nous avons par le préfent Edit perpétuel & irrévocable, dit,
ftatué & ordonné ; difons, ftatuons & ordonnons, voulons & nous plaît
ce qui fuit :

Article Premier. Voulons que les Offices de Contrôleurs, Vifiteurs,
Marqueurs, Gardes-halles & marteaux, Lotiffeurs, Déchargeurs, Vendeurs
de Cuirs, & de tous autres Officiers créés pour la police des Cuirs, fous
quelque dénomination que ce foit, foient & demeurent fupprimés à commencer du premier Octobre prochain : Défendons à tous ceux qui s'en
trouveront pourvus, ou qui auroient été par eux commis ou prépofés pour
les exercer, de les continuer à l'avenir, à peine de trois mille livres d'amende
pour chaque contravention, même d'être pourfuivis extraordinairement fi
le cas y échoit.

Art. II. Les Propriétaires de tous les fufdits Offices feront tenus de
remettre entre les mains du Contrôleur général de nos finances, dans le courant du mois de Septembre prochain, les contrats d'aliénation, quittances
de finance ou autres titres, à l'effet d'être procédé à la liquidation de leurs
finances, & pourvu à leur rembourfement.

Art. III. Il fera créé pour ledit rembourfement ; jufqu'à concurrence
du montant des liquidations qui auront été faites en exécution de l'article
précédent, des Contrats portant intérêt au denier vingt, lefquels feront
rembourfables

rembourfables d'année en année par la voie du fort, à raifon d'un million par an, & accroiffement auxdits fonds d'un million, des arrérages des capitaux éteints par ledit rembourfement ; & les arrérages defdits contrats commenceront à courir, à compter du premier Octobre prochain (1759).

ART. IV. Ordonnons que tous les droits attribués auxdits Officiers fur les Cuirs verds, tannés & mégiffés, & tous autres, demeureront éteints & fupprimés, à commencer au premier Octobre prochain.

ART. V. Voulons qu'à commencer dudit jour premier Octobre prochain, il foit payé dans toute l'étendue de notre Royaume à nos Fermiers, Régiffeurs, ou à ceux qui feront par nous prépofés, un droit unique fur les Cuirs & Peaux tannées & apprêtées, lequel fera perçu conformément au tarif annexé fous le contre-fcel du préfent Edit, dérogeant à tous privileges & exemptions qui pourroient avoir été accordées ; & fera ledit droit fpécialement affecté & hypothéqué au payement des arrérages & rembourfements des capitaux des contrats créés par l'article III ci-deffus.

ART. VI. Seront marqués lefdits Cuirs & Peaux, après le premier apprêt, à la tête, par nos Fermiers & Prépofés, d'un marteau dont l'empreinte fera dépofée au Greffe de la Jurifdiction la plus voifine de la Cour des Aides du reffort.

ART. VII. Seront tenus les Tanneurs, Mégiffiers & autres, d'acquitter le droit porté en l'article V ci-deffus, dans les trois mois du jour où les Cuirs & Peaux tannés & apprêtés auront été marqués ; à l'effet de quoi lefdits Tanneurs, Mégiffiers & autres feront leur foumiffion de payer ledit droit dans ledit délai de trois mois.

ART. VIII. Défendons à tous Tanneurs, Mégiffiers & autres, de contrefaire ladite marque, fous peine de faux, & à tous Corroyeurs & autres Ouvriers d'acheter des Cuirs ou Peaux tannés & apprêtés, qui n'auroient pas la marque du Fermier, fous peine de confifcation.

ART. IX. Voulons qu'à la fortie des Cuirs & Peaux tannés & apprêtés pour l'étranger, les droits foient reftitués en entier, à la charge de faire contre-marquer lefdits Cuirs & Peaux tannés ou apprêtés, & en juftifiant à nos Fermiers de la fortie du Royaume dans les formes ordinaires.

ART. X. Permettons aux Commis de nos Fermiers & Régiffeurs, de faire les vifites ordinaires chez les Tanneurs, Mégiffiers, & chez les Ouvriers employant Cuirs.

ART. XI. Voulons que les Cuirs & Peaux tannés & apprêtés qui fe trouveront chez les Marchands & Ouvriers, au premier Octobre prochain, foient marqués de la marque de notre Fermier ou Prépofé, & que le droit foit payé fur ceux qui n'auront pas acquitté les droits des Officiers fupprimés par le préfent Edit.

ART. XII. Supprimons tous les droits de traite & de foraine fur les Cuirs

TANNEUR.   F f verds & tannés, au paſſage d'une Province de notre Royaume dans une autre, nous chargeant de dédommager les intéreſſés dans nos Fermes-unies.

ART. XIII. Ordonnons qu'à la ſortie du Royaume pour les pays étrangers, il ſera perçu ſix livres par Cuir de Bœuf & de Vache en verd, vingt ſols par Peau de Veau en verd, & dix ſols par peau de Mouton, d'Agneau, Chevre ou Chévreau en verd.

ART. XIV. Voulons que dans la Ville de Paris ſeulement, nos Fermiers ou Prépoſés tiennent une caiſſe à la Halle & au Bureau des Cuirs, à laquelle les divers Ouvriers qui emploient les Cuirs & Peaux, puiſſent, s'ils le jugent à propos, ſe faire avancer le montant de leurs achats pendant deux mois, en payant trois deniers pour livre dudit montant, ſans qu'ils puiſſent y être forcés.

SI DONNONS EN MANDEMENT à nos amés & féaux Conſeillers les Gens tenant notre Cour de Parlement à Paris, que le préſent Edit ils aient à faire lire, publier & regiſtrer ; & le contenu en icelui, garder, obſerver & exécuter ſelon ſa forme & teneur, nonobſtant tous Edits, Déclarations, Arrêts & Réglements à ce contraires, auxquels nous avons dérogé & dérogeons par le préſent Edit ; aux copies duquel, collationnées par l'un de nos amés & féaux Conſeillers-Secretaires, voulons que foi ſoit ajoutée comme à l'original : CAR TEL EST NOTRE PLAISIR. Et afin que ce ſoit choſe ferme & ſtable à toujours, nous y avons fait mettre notre ſcel. DONNÉ à Verſailles au mois d'Août, l'an de grace mil ſept cent cinquante-neuf, & de notre regne le quarante-quatrieme. *Signé* LOUIS. *Et plus bas*, par le Roi, PHELYPEAUX. *Viſa* LOUIS. Vu au Conſeil, DE SILHOUETTE. Et ſcellé du grand ſceau de cire verte en lacs de ſoie rouge & verte.

Regiſtré, ce requérant le Procureur général du Roi, pour être exécuté ſelon ſa forme & teneur ; & copies collationnées envoyées aux Bailliages & Sénéchauſſées du reſſort, pour y être lu, publié & regiſtré : Enjoint aux Subſtituts du Procureur général du Roi, d'y tenir la main, & d'en certifier la Cour dans le mois, ſuivant l'Arrêt de ce jour. A Paris, en Parlement, toutes les Chambres aſſemblées, le onze Septembre mil ſept cent cinquante-neuf.

Signé YSABEAU.

TARIF DES DROITS SUR LES CUIRS.

	DROIT UNIQUE par livre pesant de Cuirs & Peaux façonnés.
Cuir de Bœuf tanné à fort & à œuvre, passé en buffle, en Hongrie ou autrement	2 sols
Cuir de Vache tanné, passé en Hongrie, en Russie, en buffle ou autrement	2
Cuir de Cheval, de Mulet tanné, passé en Hongrie ou autrement	1
Peau de Veau tannée, passée en chamois, en mégie, en saumat, en alun ou autrement	2
Peau de Mouton passée en chamois, en mégie, en basanne, en alun, en housse, en parchemin ou autrement	2
Peau d'Agneau, de Chevreau de tout apprêt, même celui de pelleterie	8
Peau de Bouc, de Marroquin en croûte ★, en couleur ou autrement	8
Chevre tannée, corroyée, passée en chamois ou autrement	6
Peau de Daim, de Chevreuil, de Chamois, passée en huile ou autrement	10
Peau de Cerf, d'Élan, d'Orignac, passée en huile	6
Peau de Porc, de Turin, de Sanglier	2
Et tous les Cuirs & Peaux façonnés, qui ne sont point dénommés au présent Tarif, payeront dix pour cent de leur valeur.	

FAIT & arrêté au Conseil d'Etat du Roi, tenu à Versailles le neuvieme jour d'Août mil sept cent cinquante-neuf. *Signé* PHELYPEAUX.

Registré ce requérant le Procureur Général du Roi, pour être exécuté selon sa forme & teneur ; & copies collationnées envoyées aux Bailliages & Sénéchaussées du ressort, pour y être lu, publié & registré : Enjoint aux Substituts du Procureur Général du Roi, d'y tenir la main & d'en certifier la Cour dans le mois, suivant l'Arrêt de ce jour. A Paris en Parlement toutes les Chambres assemblées, le seize Septembre mil sept cent cinquante-neuf.

★ C'est-à-dire, brut, qui a reçu l'huile, sans être paré.

328. Le Tarif précédent, quoique arrêté au Conseil, a souffert quelques modifications dans la perception ; par exemple, les Régisseurs ont réduit les Peaux d'Agneau à 2 sous la livre ; celles de Chevreau à 4 sous ; les Peaux de Bouc, de Marroquin à 4 sous ; les Chevres en chamois à 4 sous : il y a eu encore d'autres variétés auxquelles je ne m'arrêterai pas ici, parce que ce sont des choses arbitraires : je parlerai ci-après des abonnements (354).

329. Jusqu'ici la régie des Cuirs n'a pas pris une forme assez fixe & assez décidée pour qu'on puisse juger exactement de ce qu'elle produira ; on estime, quant à présent, que le produit total de ce droit pourra être de deux millions & demi ; je le crois ainsi à la vue des petites parties que j'ai été à portée de connoître.

J'ai eu l'occasion de voir un relevé des droits perçus en 1761 sur les Cuirs dans l'étendue de la direction de Bourg-en-Bresse, qui comprend la Bresse, le Mâconnois & le Bugey. Cette petite étendue de pays, qui est à peine la cinquantieme partie du Royaume, & qui est une des Provinces les moins commerçantes, avoit fourni les articles suivants, dans lesquels ne sont point compris tous les Cuirs soustraits à la régie, & qui étoient en assez grand nombre.

3879 Cuirs de Bœufs, pesant . . . . 88943 livres.
11840 Vaches, qui pesoient 115860
3424 douzaines de Veaux 61912
6181 douzaines de Moutons 32887
1000 Cuirs de Chevaux, Anes ou Mulets 9156

Les autres objets étoient peu considérables ; le total des droits montoit à 31500 liv. mais je ne doute pas que dans d'autres Provinces de même étendue, le produit ne soit plus fort. L'état précédent fait voir que les Cuirs de Bœufs ne pesent dans ces Provinces que 23 livres chacun, l'un portant l'autre ; les Cuirs de Vache & de Cheval, 9 livres ; la douzaine de Veaux, 18 livres ; & la douzaine de Moutons, 5 livres & un tiers. Dans cette Province où les Cuirs de Bœufs sont de 23 livres, l'un portant l'autre, il s'en trouve beaucoup de 60 livres à la raie, qui reviennent à 30 livres quand ils sont tannés & secs ; mais à Lyon, on en a de 100 livres à la raie, & par conséquent les droits deviennent bien plus considérables à proportion dans les Provinces plus commerçantes.

330. L'Edit dont on vient de voir les dispositions, indique assez les causes auxquelles nous avons attribué le dépérissement du Commerce ; car dans le Préambule même, les gênes imposées sur le commerce des Cuirs sont reconnues pour la véritable cause de la perte d'une Manufacture si nécessaire, & d'une main-d'œuvre qui florissoit autrefois en France. Tous ces insectes rongeurs, pour lesquels on avoit imaginé tant de noms, d'offices & de fonctions, sont détruits & supprimés ; on pourvoit à leur remboursement d'une maniere équitable.　　　　　　　　　　　　　　　　　　　331.

331. Le nouveau droit établi par l'art. V, ne l'eſt que ſur les Cuirs & Peaux *tannés & apprêtés*, termes remarquables, & ſur leſquels on doit bien inſiſter, parce qu'ils ſignifient les ouvrages en derniere perfection, & ne peuvent faire tomber par conſéquent les droits & les ſervitudes de la régie ſur les matieres en fabrication. Par ce moyen, *les gênes impoſées ſur le Commerce* & ſur la préparation, (plus intéreſſante encore, puiſque ſans elle il n'y auroit point de commerce,) ſont proſcrites comme ruineuſes & deſtructives ; le droit n'eſt dû que ſur l'ouvrage prêt à ſortir de la main de l'Artiſan, & l'article VII lui accorde un terme raiſonnable, celui de trois mois pour l'acquitter.

332. Les articles IX, XII & XIII contiennent en peu de mots les réglemens de Police les plus favorables au Commerce national, dreſſés avec toute la ſageſſe & l'indulgence néceſſaires. L'article IX favoriſe l'exportation des Cuirs, en ordonnant la reſtitution entiere des droits qui auroient été payés avant l'exportation. L'article XII favoriſe le Commerce intérieur, en ſupprimant tous les droits des Fermes unies qui avoient lieu au paſſage d'une Province à l'autre, & qui étoient le comble du délire & de l'abſurdité de la finance. L'article XIII prévient, autant qu'il eſt poſſible, l'exportation des matieres premieres, qui ſont les alimens néceſſaires de nos Manufactures, en impoſant un droit très-fort ſur les Cuirs verds au ſortir du Royaume.

Le dernier article établit à la Halle de Paris ſeulement une caiſſe pour la commodité des Acheteurs & des Vendeurs, à l'inſtar ou à-peu-près de celle de Poiſſy ; mais avec cette différence eſſentielle que la liberté leur eſt laiſſée toute entiere d'en uſer ou de n'en uſer pas, tant le Légiſlateur a craint d'impoſer quelque gêne au Commerce.

Enfin l'on remarque en général dans tout l'Edit un eſprit de douceur, qu'on n'apperçoit dans aucune de nos Loix fiſcales ; il ne prononce pas une ſeule amende, mais la confiſcation ſeulement, dans le cas des contraventions ; & ſi l'on y trouve encore dans les articles VI, VIII & X, quelqu'aſſujettiſſement onéreux, ſi le Tarif du droit unique & ſa fixation au poids des marchandiſes renferme des difficultés & des inconvéniens, c'eſt que la Loi la mieux préparée & la plus réfléchie ne ſauroit en être exempte ; c'eſt qu'il falloit accorder quelque choſe à la ſûreté de la perception ; c'eſt que M. le Contrôleur général, alors placé dans des circonſtances épineuſes, & vivement preſſé de procurer à l'Etat un prompt ſecours *, n'eut pas, pour s'y préparer, tout le temps dont il auroit eu beſoin : les bonnes Loix ſont le fruit de l'étude la plus ſérieuſe & de la plus longue expérience.

---

* On préparoit alors le grand armement commandé par M. de Conflans, l'un des plus beaux que la France eût jamais fait, la derniere eſpérance de notre Marine, & dont le ſuccès malheureux acheva de donner à nos ennemis le dernier degré de fierté & d'injuſtice que la France en ait pû éprouver.

Des suites qu'a eu l'Edit du mois d'Août 1759 , & des contestations qu'il a occasionnées.

333. Le Contrôleur général, en projettant l'Edit d'Août 1759 , s'étoit flatté de trouver facilement à faire un emprunt considérable sur le produit du nouveau droit ; mais le crédit public étoit déja trop ébranlé ; il ne lui resta d'autre ressource que les propositions d'une Compagnie de Finance, qui s'étoit formée avant même que l'Edit fût expédié , pour régir le droit au nom du Roi & pour le compte de Sa Majesté.

On sait en général que l'objet de toute Compagnie de Régisseurs , est d'obtenir tôt ou tard l'adjudication de l'objet qu'on lui a confié ; dans cette vue les Régisseurs ne peuvent s'empêcher de déguiser la véritable portée de l'impôt , & d'en augmenter les frais ; ils mettent sur pied une foule de Commis , sous prétexte de prévenir les fraudes , & ils en retirent trois avantages : 1°, Tant que dure la régie , ils ont un grand nombre d'emplois, dont ils gratifient leurs créatures ou leurs parents : 2°, Le prix de la ferme devient ensuite moindre : 3°, Plus il y a de servitudes établies sous le nom du Roi , plus le joug des redevables est appesanti , plus les abonnements sont recherchés & avantageux aux Fermiers.

334. L'Edit d'Août 1759 , fut enregistré à la Cour des Aides le 19 Septembre , & dès le 24 Septembre il y eut un Arrêt du Conseil qui fut revêtu de Lettres-Patentes pour la perception du nouveau droit : ces Lettres-Patentes furent envoyées à la Cour des Aides de Paris vers la fin des vacations ; & par Arrêt du 27 Octobre, la Chambre ordonna l'enregistrement au lendemain de la Saint Martin , l'envoi & publication dans les Sieges du ressort, & leur exécution provisoire. On n'y apporta que quelques modifications , qui ne touchent point au fonds du réglement , parce que la Chambre des Vacations n'avoit alors ni l'obligation , ni le loisir d'en faire un examen approfondi ; d'ailleurs cet examen devoit être ensuite réitéré.

Cependant la vérification & l'enregistrement définitif remis au lendemain de la Saint Martin , ont été perdus de vue : il s'est élevé des contestations à ce sujet ; les Tanneurs se sont plaints vivement , & depuis ce temps-là la Cour des Aides a ordonné en 1763 , qu'il seroit fait des remontrances au sujet de ces Lettres-Patentes.

335. Les Lettres-Patentes du 24 Septembre 1759 , s'écartent beaucoup des principes & de l'esprit de l'Edit du mois d'Août ; il n'y a que l'article X de ces Lettres qui contienne un réglement utile & conforme à ces principes : en effet , le droit de dix pour cent sur la valeur des marchandises façonnées venant de l'étranger , indépendamment de celui de vingt pour cent , déja attribué aux Fermes générales, exclut les étrangers de la concurrence avec les Fabriquants du Royaume ; il n'y a rien de plus naturel.

336. L'article II ordonne que dans les cas où le droit doit être perçu à raison du poids, (& ces cas embraffent prefque la totalité du droit), les pefées feront faites en préfence des Tanneurs avec les poids, balances ou romaines dont chacun d'eux fe fert pour fon commerce : les Fabriquants font ufage de cet article, pour fe défendre d'une prétention onéreufe des Régiffeurs.

A l'exemple de ce qui fe pratique chez les Maîtres de Forges pour la marque des fers, les Régiffeurs ont prétendu que les Tanneurs feroient tenus de fournir leurs propres Ouvriers, foit pour préfenter fous le marteau & dans la balance les Cuirs qu'il s'agit de pefer & de marquer, foit pour les compter & vérifier, dans le cas où il plaît au Régiffeur d'exiger un recenfement général des magafins. Cette fervitude ne paroît pas au premier coup d'œil être fort importante ; elle l'eft cependant ; mais les Tanneurs n'y font point foumis, puifque l'article III des Lettres-Patentes ne les fait point contribuer aux pefées, fi ce n'eft en fourniffant leurs poids & leurs balances. Les Maîtres de Forges font fujets, il eft vrai, à fournir leurs Ouvriers ; mais d'un autre côté aux Barrieres, fur les Ports & dans les Douannes, lorfqu'il s'agit de remuer, de vifiter & de pefer des fardeaux pour en percevoir les droits, les Commis font chargés feuls de ce travail ; la parité eft ici en faveur des Tanneurs. La différence entre les Maîtres de Forges & les Tanneurs eft fenfible ; les gueufes & les barres de fer font des pieces d'un poids énorme ; pour les manier & les préfenter à la romaine, elles demandent non-feulement beaucoup de force, mais encore de l'habitude & de l'adreffe : il n'en eft pas de même pour les Cuirs. Enfin les pieces de forge ne font jamais en auffi grand nombre, les pefées & les marques ne font pas auffi fréquentes, les recenfements fe font d'un coup d'œil, la perte du temps eft moindre ; & quelque rigoureux que foit cet affujettiffement, il ne leur eft pas auffi préjudiciable qu'il feroit pour les Fabriquants en Cuirs & en Peaux. Les Tanneurs, & fur-tout les Hongroyeurs, ont ordinairement beaucoup de Cuirs en magafin, quelquefois jufqu'à quatre à cinq mille : leurs magafins font dans des lieux bas & frais, où les marchandifes fe mûriffent & fe perfectionnent ; & comme elles fe vendent au poids, ils ont un double intérêt de ne pas les remuer ou les déranger fouvent, parce qu'elles fe deffechent & fe défleurent par le mouvement. De toutes ces réflexions, il réfulte qu'il feroit dangereux d'établir chez les Tanneurs l'obligation de faire faire les pefées & les recenfements par leurs propres Ouvriers au gré des Régiffeurs.

337. C'eft dans l'article IV des Lettres-Patentes du 24 Septembre 1759, que réfide la plus grande difficulté. M. Lefchaffier, après l'examen le plus approfondi de cette importante queftion, dont il étoit Rapporteur à la Cour des Aides, demeura perfuadé que cet article en lui-même & dans fa généralité impofoit aux Fabriquants des obligations impoffibles & inutiles pour la fûreté de la perception, parce que les fraudes ne font point fi aifées que les

Régiſſeurs avoient paru le craindre , & parce que dans le doute l'utilité des Fabriques devoit l'emporter ſur toute autre conſidération.

Cet article IV des Lettres-Patentes du 24 Septembre 1759 , ordonne que conformément au Réglement du Conſeil du 10 Février 1629 , les Tanneurs , Mégiſſiers , Parcheminiers , Peauſſiers , & autres appareillants Cuirs & Peaux , ne pourront les mettre dans les foſſes & cuves qu'ils n'en aient préalable- ment déclaré les quantités & qualités au Bureau , ni les retirer des foſſes & cuves qu'ils n'aient préalablement déclaré le jour où ils entendent les rele- ver , pour être leſdits Cuirs repréſentés aux Commis , à l'effet d'être par eux pris en charge & marqués , conformément aux articles VI & VII de l'Edit d'Août 1759.

Le ſyſtême qui regne dans cette diſpoſition , eſt un ſyſtême burſal , bien différent de celui de la Loi : celle-ci n'a impoſé le droit que ſur les Cuirs tannés & apprêtés ; elle a voulu laiſſer la plus grande liberté aux Fabriques dans tout le cours de leurs opérations , puiſque ce n'eſt qu'après le premier apprêt qu'elle commence à exiger quelque précaution pour l'empreinte d'une marque : cette diſpoſition eſt confirmée , augmentée & éclaircie par les Let- tres-Patentes du 25 Février 1760 , & l'Arrêt d'enregiſtrement du 19 Août 1761 , qui veulent que cette marque ne ſoit appoſée qu'après ce premier ap- prêt entiérement fini ; car c'eſt-là le moment de la priſe de poſſeſſion du Régiſſeur , & juſques-là le Fabriquant étoit maître chez lui.

Au contraire l'article IV des Lettres-Patentes du 24 Septembre 1759 , fait remonter la priſe de poſſeſſion du Régiſſeur long-temps avant la fin , & même avant le commencement du premier apprêt ; il exige des déclarations dès la première entrée en foſſe , & donne aux Commis un droit d'inſpection & de ſuite ſur les Cuirs en préparation ; ce qui eſt contraire à la liberté & à la tran- quillité du Fabriquant.

338. Le Réglement du Conſeil du 10 Février 1629 , qui ſert de baſe à l'ar- ticle dont nous parlons , contenoit des diſpoſitions impraticables , & qui n'ont jamais été exécutées ; il ne fut ni revêtu de Lettres-Patentes , ni enregiſtré à la Cour des Aides : il avoit été rendu en faveur des Offices de Prud'hommes & Contrôleurs , ſous prétexte d'arrêter le cours des abus qui ſe commet- toient , diſoit-on , dans l'appareil , vente & débit des Cuirs ; mais ces Offices ſont ſupprimés ; on ne ſonge plus à cette prétendue police pour la fabrica- tion des Cuirs , impoſſible dans l'exécution , & que la liberté du Commerce ne peut ſouffrir. L'Edit d'Aout , plus ſage & plus favorable aux Tanneurs , n'établit de droit que ſur des ouvrages finis.

Le Réglement de 1629 ne concernoit même que les Tanneurs , & à leur égard il étoit clair , quoique d'une difficile exécution ; mais l'article IV dont nous parlons , s'étend à tous ceux qui travaillent des Peaux , avec des extenſions qui paroiſſent impraticables. En effet , parmi ceux qui travaillent

des

des Peaux, il y en a beaucoup qui n'ont ni fosses, ni cuves, tels que les Parcheminiers & les Peaussiers : à l'égard des Tanneurs, ils ont tant de fosses & tant de cuves, que s'il falloit faire une déclaration à chaque fois qu'on met en cuve ou en fosse, & qu'on en retire les Cuirs, il faudroit tant de déclarations que les Tanneurs n'auroient autre chose à faire qu'à se promener de la Tannerie au Bureau ; & quand on réduiroit cet article aux fosses seules, s'il faut à chaque poudre faire de nouvelles déclarations, le métier du Tanneur devient rebutant & impraticable par une dépendance si continuée & si onéreuse.

339. D'après ces Lettres patentes les Régisseurs formerent deux corps d'instructions, l'un au mois de Septembre 1759, l'autre au mois de Mars 1760 ; cependant on voit qu'ils avoient compris combien il seroit difficile de faire exécuter l'article IV des Lettres-Patentes du 24 Septembre 1759 ; ils conviennent que la suite des Cuirs dans leurs différentes poudres, & des Peaux dans tous leurs apprêts, en fatiguant peut-être les redevables, pourroit jetter les Commis dans une confusion toujours inséparable des opérations trop multipliées ; ils se réduisent à trois déclarations pour chaque sorte de travail.

Pour les Tanneurs, la premiere déclaration a lieu au temps de la mise en fosse ; la seconde, à la levée de la premiere poudre ; la troisieme, à la derniere levée de fosse, lorsque les Cuirs seront portés au séchoir.

Pour les Hongroyeurs, la premiere, à la mise en alun ; la seconde, au sortir de l'alun ; la troisieme, à la mise en suif.

Pour les Mégissiers, lorsqu'on met les peaux en confit, lorsqu'on les met en alun, & lorsqu'elles sont seches, en état d'être ouvertes & redressées : ici l'on n'a pas fait attention que le Mégissier met ses peaux en alun avant de les mettre en confit.

Pour les Chamoiseurs, au temps de la mise en confit, au retour du moulin, & lorsque les peaux sont ouvertes.

Enfin pour les Maroquiniers, lorsqu'on met les peaux en confit, lorsqu'on les tire du sumac ou de l'alun, & lorsque les peaux sont lustrées.

340. Mais en consentant de réduire ainsi à trois le nombre immense des déclarations indiquées par les Lettres-Patentes, la Régie déclare qu'elle ne renonce pas à soumettre les Fabriquants à l'obligation de déclarer toutes les mises & levées de fosses, si ce parti devient nécessaire à l'égard du général & du particulier, & qu'elle propose seulement des facilités : c'est ainsi que les Fabriquants, en obtenant une grace conditionelle, restoient encore sous les coups du Régisseur, pour en être vexés à volonté. Une Loi doit être claire, possible, nécessaire & uniforme.

341. Les Instructions de la régie varient encore beaucoup en ce qui concerne les quantités & qualités des Cuirs qui doivent être portées dans les

déclarations. Les Fabriquants, dit l'Inſtruction, peuvent déclarer poſitive-
ment la qualité & la quantité des Cuirs qu'ils entendront coucher en premiere poudre ; ainſi il faut néceſſairement inſiſter ſur l'exactitude de la premiere déclaration , & des déclarations ſubſéquentes , *autant qu'il ſera poſſible*:
enſuite elle obſerve que le Fabriquant, en venant faire ſa déclaration , peut
prétendre ignorer quelle quantité de marchandiſes il levera de foſſe , ſoit de
la premiere à la ſeconde poudre , ſoit de la derniere poudre pour paſſer au
ſéchoir , ſous prétexte que cette quantité ne ſera déterminée que par l'état
dans lequel il trouvera ſes Cuirs à l'ouverture de la foſſe ; & l'Inſtruction
contient pour ce cas-là un modele particulier de déclaration.

342. En effet , les Fabriquants peuvent ignorer la quantité exacte des Cuirs
qu'ils ont à lever de la derniere poudre, juſqu'à ce qu'ils aient vu, par l'état des
Cuirs qui ſont dans la foſſe , s'ils doivent être levés : ils peuvent ignorer auſſi
la quantité des Cuirs qu'ils mettront en premiere poudre , parce que dans le
cours des opérations préparatoires,ils peuvent en perdre par divers accidents;
il peut s'en trouver qui ſoient brûlés de chaux , ou tournés dans les paſſements
d'orge , ou déchirés lors de l'écharnage par l'Ouvrier, qui dans ce cas-là a
grand ſoin de le diſſimuler. Les Mégiſſiers & les Chamoiſeurs ont ſouvent
des peaux qui ſont abattues par le vent, de deſſus les perches , & mangées
par les chiens & par les rats : il eſt même comme impoſſible dans de grandes
Tanneries , où il y a beaucoup d'Ouvriers qui ne ſont point calculateurs , de
tenir un regiſtre exact du nombre de leurs peaux , à cauſe de la multitude des
mains par leſquelles elles paſſent & des variétés qui y arrivent. Un Tanneur
qui mettra en foſſe juſqu'à quarante & cinquante douzaines de Veaux ; un
Mégiſſier qui recevra douze à quinze cents Moutons par ſemaine, pourroient-
ils s'aſſurer de l'exactitude des dénombrements , éviter les erreurs de calcul ,
les incertitudes , les confuſions , & par conſéquent les procès-verbaux de
contraventions ? Ce n'eſt qu'au ſortir du dernier travail , à la levée de derniere poudre , à la miſe ſur perche, qu'il leur eſt néceſſaire & poſſible de
compter leurs marchandiſes , & d'en faire une exacte déclaration.

343. L'Inſtruction de la régie dit auſſi qu'il eſt eſſentiel de tenir la main à
ce que les Fabriquants ne puiſſent commencer leur travail que vingt-quatre
heures après les déclarations faites, & cela , dit-on, conformément à l'article
IV. Cependant l'article ne contient point ce nouvel aſſujétiſſement , mais on
le tire par induction : cet article veut que les Fabriquants déclarent le jour
auquel ils entendront opérer. Cette obligation n'auroit pas été impoſée ſi
l'on n'avoit entendu mettre un intervalle au moins d'un jour entre la déclaration du Fabriquant & ſon opération , à laquelle les Commis doivent être
préſents abſolument. Cette prétention du Régiſſeur a excité la plus forte
réclamation , parce qu'elle a paru aux Fabriquants la plus onéreuſe de toutes
les charges qu'on leur vouloit impoſer. Si le Tanneur veut profiter d'un mo-

ment de soleil en hyver, d'une matinée où il est plus libre, s'il craint la gelée ou quelqu'autre inconvénient, il ne lui est pas possible d'user des cir-conftances, à moins qu'il n'ait tout prévu vingt-quatre heures d'avance ; il auroit pu envoyer faire sa déclaration au Bureau, & en attendant rassembler ses Ouvriers pour que l'ouvrage fut fait & les Cuirs remis en sûreté avec la plus grande promptitude ; mais la régie l'oblige de différer & d'attendre mal-gré son incertitude ou ses embarras. En été l'inconvénient devient encore plus considérable, à cause des orages qui nuisent aux paffements (159, 170): le délai de 24 heures & la lenteur des Commis, qui pourront n'être pas fort exacts si l'on est obligé de les attendre, pourront faire tomber l'opération dans le temps d'un orage qui gâtera une cuve : c'est ainsi que la liberté & la sûreté du Fabriquant sont sacrifiées à la commodité des Commis.

De la Marque des Cuirs.

344. L'ARTICLE **VI** de l'Edit du mois d'Août 1759, dit que les Cuirs feront marqués après le premier apprêt : cette difposition, qui est fort fuc-cinte, fut expliquée & étendue, & les formalités de la marque des Cuirs furent fixées par les Lettres-Patentes du 25 Février 1760 : mais il se préfen-toit deux difficultés, que M. Lefchaffier vouloit faire lever par des modifica-tions de l'enregiftrement : la premiere confiftoit à fixer l'époque du *premier apprêt* entiérement fini, après lequel doit être appofée la premiere marque, la marque de charge ; car il faut fixer un terme relatif à chaque profeffion, le mot de premier apprêt étant très-vague en lui-même, & l'interprétation sujette à trop d'inconvéniens.

345. L'Inftruction des Régiffeurs veut que la premiere marque, marque de charge ou de préparation, soit appofée à la levée de premiere poudre ; la feconde marque ou marque de perception à la derniere levée de foffe, avant que les Cuirs soient portés au féchoir : la premiere se place des deux côtés de la tête du Cuir ; la feconde, des deux côtés de la culée ; mais sur les Peaux, on n'appofe la marque que d'un côté. Chez les Hongroyeurs, ces marques devoient être appofées au fortir de l'alun, & après la mife en fuif. Chez les Mégiffiers, c'étoit au fortir de l'alun, & lorfque les Peaux feroient en dernier apprêt (fans doute après avoir été redreffées fur le paliffon). Chez le Chamoifeur, les marques devoient être appofées, la premiere, au retour du moulin ; la feconde, lors du dernier apprêt ; je penfe que cela vouloit dire la premiere après le dégraiffage entiérement fini, & la fe-conde, après que les Peaux feroient ouvertes. Enfin chez les Maroquiniers, les deux marques devoient être appofées, l'une au fortir de l'apprêt en fu-mac (fans doute après le coudrement) ; la feconde, lorfque les Peaux feroient luftrées.

346. M. d'Arlincourt, aujourd'hui Fermier général, alors Directeur de la Régie à Paris, avoit dreſſé l'Inſtruction ; mais il avouoit avec candeur que dans l'exécution il falloit un peu plus de condeſcendance : il ſe départit de beaucoup de choſes dans une Conférence qui ſe tint à la Manufacture de Saint Hippolyte au Fauxbourg Saint Marcel, entre M. Barois, Directeur & Intéreſſé, M. Leſchaſſier, Conſeiller à la Cour des Aides, Rapporteur en cette affaire, M. d'Arlincourt, avec l'un de ſes Aſſociés, & quelques Fabriquants : les conſentements ou déſiſtements de M. d'Arlincourt furent pris en note, de ſon aveu, par M. Leſchaſſier, qui ſe propoſoit de s'en ſervir dans les modifications de la Cour des Aides ſur l'article IV des Lettres-Patentes.

347. A l'égard de la derniere marque dite de perception ; il ne pouvoit plus y avoir de difficulté au moyen d'une modification qui avoit été déja appoſée aux Lettres-Patentes du 25 Février 1760, & qui la différoit juſqu'à la réquiſition des Fabriquants ; auſſi n'en étoit-il plus queſtion ; mais à l'égard de la marque de charge, ou premiere marque, & aux déclarations que les Fabriquants devoient faire, on étoit convenu de ce qui ſuit :

Pour les Hongroyeurs, il devoit être fait une ſeule déclaration au ſortir des aluns, avant de porter les Cuirs au ſéchoir, & la premiere marque devoit être appoſée après que les Cuirs ſeroient ſuffiſamment ſecs & dreſſés.

Pour les Mégiſſiers, une ſeule déclaration au ſortir des confits, en mettant ſur perche, avant l'ouverture.

Quant à la premiere marque, le Régiſſeur la vouloit appoſer au plus tard après l'ouverture & avant le redreſſage, prétendant que c'étoit-là le dernier apprêt & la perfection de la peau ; qu'en vain le Mégiſſier auroit fait une déclaration de cinq cents Peaux, par exemple, miſes ſur perche, ſi l'appoſition d'une marque fort peu de temps après n'en conſtatoit l'identité, & ne l'en chargeoit, puiſque rien ne pourroit l'empêcher d'en vendre deux cents en cet état, s'il vouloit, & d'en ſubſtituer ſur les perches le même nombre provenant de ſes autres confits.

348. Le Mégiſſier convenoit de la poſſibilité abſolue de cette fraude ; mais il obſervoit que les différents états de ſiccité entre les Peaux qu'il auroit ainſi ſubſtituées, & celles qui auroient été miſes ſur perche précédemment & lors de la déclaration, le mouvement néceſſaire en pareil cas, la néceſſité de mettre les Ouvriers dans le ſecret, & pluſieurs autres circonſtances, décéleroient aſſez la fraude à des Commis attentifs & prévenus.

D'ailleurs le Fabriquant ſoutenoit qu'il lui étoit abſolument impoſſible de conſentir à aucune marque avant le redreſſage, parce qu'il n'y a humainement aucune certitude de conſerver une Peau, & d'en répondre dans cette opération. C'eſt à la vérité la derniere, mais c'eſt la plus rude épreuve des Peaux: pour peu qu'elles ſoient défectueuſes, elles ſe déchirent ſous la main de

l'Ouvrier

l'Ouvrier, qui les paſſe avec force ſur le peſſon. On en fit l'expérience devant le Régiſſeur, qui convint enfin qu'on ne pouvoit exiger l'appoſition de la marque qu'après le redreſſage. Nous parlerons de ces différentes opérations dans l'Art du Mégiſſier ; mais il nous étoit difficile de ſéparer ici les différents articles d'une diſcuſſion qui intéreſſe principalement l'Art du Tanneur.

Pour les Chamoiſeurs, on offroit de ſe contenter d'une ſeule déclaration au ſortir du dégraiſſage & de la premiere marque après l'ouverture : (*Voyez l'Art du Chamoiſeur*).

Chez les Maroquiniers, on demandoit une ſeule déclaration au ſortir du coudrement ; & la premiere marque devoit être appoſée après le foulage.

349. *Chez les Tanneurs*, la difficulté paroiſſoit toujours fort grande, & les eſprits ne pouvoient ſe rapprocher. Le Régiſſeur perſiſtoit à ſoutenir qu'il falloit abſolument une déclaration à la premiere miſe en foſſe, & que la premiere marque devoit être appoſée au ſortir de la premiere poudre : ſans ces deux précautions, diſoit M. d'Arlincourt, le droit ſeroit anéanti par les fraudes. Les petits Tanneurs de Province ne ſont pas fort ſcrupuleux ſur le nombre de poudres qu'exigent les Cuirs ; ils n'ont que trop d'inclination à les vendre aux Ouvriers après la premiere ou la ſeconde poudre ; & ſi juſqu'alors ils ne ſont liés par aucune charge, la facilité & l'avantage de ſe ſouſtraire au paiement des droits ſera un appas de plus, & ne fera qu'accroître un abus préjudiciable au Commerce & au Public.

350. D'un autre côté les Tanneurs ſoutenoient que la prétention d'appoſer la marque de charge au ſortir de la premiere poudre, étoit diamétralement contraire à l'eſprit & aux termes de l'article VI de l'Edit, aux Lettres-Patentes du 25 Février 1760, & à l'Arrêt d'enregiſtrement de ces dernieres, qui ne l'adopte qu'après le premier apprêt entiérement fini ; qu'il étoit abſurde d'appeller la fin du premier apprêt, cette premiere poudre qui n'eſt que le premier pas de la Tannerie, après lequel les Cuirs ont quelquefois un an à ſéjourner en foſſe.

Comment veut-on, diſent les Tanneurs, qu'une marque empreinte ſur une ſubſtance encore molle, ſpongieuſe, toute imbibée d'humidité & de tan, ſe conſerve d'une maniere ineffaçable pendant un ſi long-temps ? Elle court riſque de n'être plus reconnoiſſable ; on ne ſauroit donc y ſoumettre les Fabriquants.

351. Quant à la déclaration, elle ſemble inutile quand la marque ne l'accompagne pas. La Loi qui veille à la ſûreté des Fabriquants, l'équité & la raiſon veulent que cette marque ſoit retardée juſqu'au temps où elle ne pourra plus être altérée ou effacée par le travail, afin que le Fabriquant ne puiſſe être dans le cas des contraventions involontaires. Or que ſert aux Régiſſeurs une déclaration qui ne ſera point accompagnée d'une marque ? le

Tanneur a une entiere liberté de fouftraire quelques-uns des Cuirs par lui déclarés, & d'en fubftituer d'autres procédants de fes pleins ou de fes paffements : la déclaration du Tanneur femble donc n'être dans ce cas-là qu'un furcroît inutile de formalités & d'embarras.

Les appréhenfions de fraude ne font pas, ce femble, une raifon fuffifante pour mettre des entraves aux Manufactures : ces fraudes fe découvrent de tant de façons par les Commis ; & les Fabriquants ont tant d'intérêt à ne pas les commettre, qu'on devroit un peu s'en rapporter aux uns & aux autres à cet égard. S'il fe trouve quelque Tanneur pauvre & de mauvaife foi, qui dans la vue de retirer plutôt fes fonds & pour épargner quelques frais, rifque de ne pas donner à fes marchandifes un apprêt fuffifant, il en eft bientôt puni par le difcrédit où elles tombent, & par la perte qui en réfulte. Mais s'il fe porte à cette manœuvre, ce ne fera pas en livrant au Public des Cuirs encore tout humides, & tirés furtivement d'une foffe. Si l'Ouvrier fe prête à la fraude, il voudra en tirer le bénéfice ; fi les Cuirs font tranfportés dans un féchoir étranger, le fecret manquera, & la difficulté fera trop grande pour qu'on puiffe continuer long-temps cette fraude.

352. L'article VIII de l'Edit, & l'article V des Lettres-Patentes, défendent à tous les Ouvriers d'acheter des Cuirs & des Peaux fans marque ; il eft même enjoint par l'article V à ces Ouvriers de conferver les morceaux où les marques auront été appofées, pour être employés les derniers ; mais cette derniere difpofition ne fauroit s'exécuter à la rigueur contre des Cordonniers qui ne font pas en état d'acheter un Cuir entier, & qui en prennent feulement une petite partie ; il feroit injufte de condamner celui-ci fur le feul fait de quelques morceaux de Cuirs fans marque, fi d'autres circonftances ne faifoient préfumer la fraude : auffi M. Lefchaffier eftimoit que fur cet article la Cour des Aides devoit fe réferver le droit de prononcer fuivant les circonftances & l'exigence des cas, fans impofer une obligation générale de n'acheter que du Cuir marqué.

Les Régiffeurs ont d'ailleurs bien des moyens pour arrêter les contraventions ; ils peuvent faire des vifites chez tous les Ouvriers qui emploient le Cuir ; ils peuvent exiger déclaration de tous les dépôts & magafins des Fabriquants, en forte qu'on ne peut tranfporter des Cuirs hors de la Tannerie fans les avertir : le Tanneur eft affiégé de toutes parts au moyen de ces difpofitions ; ainfi la fraude paroît être fuffifamment prévenue.

353. Si le droit établi fur les Cuirs fe perçoit dans la forme prefcrite par les Lettres-Patentes du 25 Février 1760, il en réfulte aux Tanneurs un danger réel, & une perte fenfible ; car 1°, il eft difficile d'appofer une marque fubfiftante fur ces Cuirs humides, enduits de tan, & qui n'ont que peu de confiftance ; 2°, On ne pourroit les remuer & les pefer tous fans les faire reffecher, fecouer le tan, qui les conferve & les nourrit, & par conféquent les

détériorer ; 3°, Ce feroit une injuftice que de les pefer ainfi pleins d'eau & d'en percevoir le droit, puifqu'avant que d'être mis en vente, ils doivent perdre toute cette humidité fuperflue.

354. Il y a une autre forte de difficulté fur les Veaux à œuvre, auxquels les Tanneurs confervent foigneufement leur humidité jufqu'à ce qu'ils les vendent aux Corroyeurs : il eft bien difficile de marquer & de pefer ces Peaux au moment qu'elles fortent de foffe, chargées de toute cette humidité ; & il importeroit aux Tanneurs qu'elles ne fuffent marquées que lorfqu'elles font en état d'être vendues. A l'égard de la fixation du droit, il s'en eft établi une évaluation ou efpece d'abonnement de 3 livres 10 fous par douzaine entre les Tanneurs de Paris & la Régie, ce qui fuppofe trente-cinq livres de poids pour chaque douzaine ; & il eft bien à defirer que ces abonnements aient lieu par-tout pour la tranquillité des Fabriquants, & pour le bien du Commerce : c'eft la feule maniere dont on puiffe réparer les torts que la Finance fait aux Arts.

CONCLUSION.

355. JE penfe donc, auffi bien que M. Lefchaffier, qu'il convient au bien du Commerce de n'affujettir les Tanneurs qu'à une feule déclaration, qu'ils feront tenus de faire avant que les Cuirs foient portés au féchoir (103), ou avant la levée de la derniere poudre ; & les autres Fabriquants de Cuirs ou de Peaux, lors de la levée & fortie du dernier travail aux aluns, confits, ou autres apprêts qui correfpondent dans d'autres Profeffions à ce dernier travail.

Je crois que la premiere marque, ou marque de charge, ne devroit être appofée chez les Tanneurs & Hongroyeurs, qu'après que les Cuirs auroient atteint au féchoir un degré de féchereffe convenable, pour que cette marque ne puiffe être altérée. A l'égard des autres Fabriquants de Cuirs & Peaux, cette premiere marque ne devroit être appofée qu'après le dernier travail ; favoir, le redreffage des Mégiffiers, l'ouverture des Chamoifeurs, le foulage des Maroquiniers.

Ce que je propofe ici n'eft point contraire à la Régie, parce que fon plus grand intérêt eft de rendre le Commerce floriffant, d'étendre la fabrication, & par conféquent d'affermir la tranquillité, la fûreté & l'avantage du Fabriquant : la douceur du gouvernement eft la fource de la profpérité, de la population, de la richeffe : on évite une Profeffion vexée d'une maniere rebutante, comme on fuit une terre fanglante qui dévore fes Habitants.

EXPLICATION DES FIGURES
DE L'ART DU TANNEUR.

PLANCHE I.

Haut de la Planche.

A, Action de l'Ouvrier qui lave & rince les Peaux, avant le travail de riviere (13).

B, Action de celui qui écharne, qui débourre (26).

C, *C*, *C*, Pleins, ou creux remplis d'eau de chaux, dans lesquels on étend les Cuirs, & d'où on les retire avec des tenailles.

D, Action de celui qui met les Cuirs en fosse (77), & qui les couvre de tan (78).

E, Cuve de bois dans laquelle se fait le coudrement (267), & où l'on tourne les Cuirs sans relâche.

F, Cuve dans laquelle on faisoit autrefois le confit (43), & qui peut servir à faire les passements (117).

G, Chaudiere placée sur un fourneau, revêtue de plâtre, & qui sert à chauffer l'eau.

Explication du bas de la Planche.

A, Pioche pour remuer la chaux & la tirer des tonneaux.

B, Pele qui sert au même usage.

C, Grandes tenailles qui servent à tirer les Peaux des pleins.

D, Grande pelle qui sert à vuider les pleins.

E, Gâche ou pelle qui sert à ratisser le dessus des Peaux.

F, Linges qu'on trempe dans la chaux pour mieux enduire certaines Peaux.

G, Bâton ou enfonçoir pour faire plonger les Cuirs dans la riviere.

H, Bouloir, instrument pour remuer la chaux & brouiller les pleins.

I, Crochet pour retirer les Peaux de la riviere.

K, Instrument qui sert à fouler & à laver la bourre.

L, Chevalet pour travailler de riviere.

N, *M*, Boutoirs, couteaux à deux manches, pour écharner, débourrer.

O, Pierre à éguiser, ou Queurse pour raser les Cuirs.

P, Cuve dans laquelle on foule les Peaux.

Q, Cuve plus grande pour le refaisage.

R, Cuve où l'on faisoit le confit (53).

S, Cuve à coudrer.

T

T, Panier avec lequel on mesure le tan.

V, Brouette qui sert à transporter les Cuirs dans les fosses & à voiturer le tan.

X, Chaudiere de cuivre pour chauffer l'eau des passements.

Y, Fourneau sur lequel on met la cuve.

PLANCHE II.

Haut de la Planche.

A, Action de ceux qui gouvernent les passements d'orge, & qui relevent chaque jour les Cuirs sur le bord de la cuve.

B, Action de ceux qui frappent & qui maillottent les Cuirs.

C, Actions de ceux qui foulent les Veaux (272).

1, 2, 3, 4, Ordre des quatre cuves qui forment un train de plamage (126), & qui contiennent chacune huit Cuirs ; elles ont trois pieds de haut sur quatre pieds de diametre.

Bas de la Planche.

D, Cuirs salés & pliés en échauffe (131).

E, Cuve sur laquelle on a relevé les Cuirs à l'orge.

F, Plan d'une Fosse avec son Puisard *G*, pour faire les jus aigres (199).

G, Puisard d'où l'eau se tire pour la jusée.

H, Pilons de bois pour fouler les Veaux (272).

I, Crochet dont on se sert pour tirer les Cuirs de la cuve.

K, Sebille pour vuider les cuves.

Chiffres dont on se sert pour marquer le poids des Peaux au sortir de la Boucherie (6).

PLANCHE III.

Haut de la Planche.

A A, Est le haut du Moulin qui tire l'eau pour fournir les pleins & les fosses.

B, Ouvrier qui conduit le Cheval & qui distribue l'eau.

C, Mouvement du Cheval.

D, Etentes, ou étendoirs sur lesquels on fait sécher les mottes.

E, Action du Motteur ou de celui qui forme les mottes en marchant sur le moule plein de tannée (291).

† † Fosses d'où l'on retire la tannée qui doit servir à faire les mottes.

Bas de la Planche.

A, Rouet qui fait tourner l'arbre du Moulin.

1, 1, 1, 1. Dents ou aluchons représentés séparément.

TANNEUR.   K k

2, 2, 2, 2, Clavettes qui affermiſſent les aluchons ſous la circonférence de la roue.

B, Arbre vertical ſur lequel la roue eſt enarbrée.

C, C, Deux arcboutants qui retiennent la roue perpendiculairement à l'arbre.

D, Bras ou timon auquel eſt attaché le Cheval.

d, Coin ou clavette qui aſſujettit le timon avec l'arbre.

E, Paloneau auquel eſt attelé le Cheval.

F, Grenouille ou baſe qui reçoit le pivot inférieur de l'arbre vertical.

G, Arbre horizontal qui porte une lanterne *H*, dont les fuſeaux engrennent dans la roue *A*.

H, Lanterne de quatorze fuſeaux aſſemblés par deux tourtes.

3, 3, 3, Petits arcboutants qui affermiſſent la lanterne ſur l'arbre qui la porte.

4, 4, Deux tourtes qui forment les deux baſes de la lanterne, & aſſemblent les fuſeaux.

5, 5, Fuſeaux de la lanterne.

I, Etoile de fer portée par l'arbre horizontal, & ſur laquelle s'enveloppe la chaîne.

6, 6, Fourchettes de fer qui garniſſent la circonférence de l'étoile.

* * Deux étoiles environnées de la chaîne tendue & en action pour puiſer l'eau.

K, Canal vertical ou tuyau placé dans l'eau, au-dedans duquel joue la chaîne.

L, Chaîne ſans fin qui joue ſur les deux étoiles, dont l'une eſt portée ſur l'arbre horizontal, & l'autre trempe toujours dans l'eau.

M, Planche ou pierre ſur laquelle ſe place le moule des mottes.

N, Moule des mottes. (291).

Echelle de douze pieds pour les parties du Moulin.

Echelle de douze pouces pour le moule à mottes.

TABLE DES MATIERES
Qui contient l'Explication des Termes.

A

ABATTRE, rabattre, mettre les cuirs dans le plein ou dans le paffement, *Article* 20.

ABONNEMENS des Tanneurs avec la Régie, 354.

ABREUVER les cuirs, les faire tremper, 666.

ABUS dans le commerce, 8.

ABUS dans la fabrication, 93, 280.

ABUS dans la perception des droits, 333.

ACADEMIE des Sciences, fon établiffement, fes travaux dans les Arts. Voyez la *Préface*.

ACCELERER le gonflement, 180, le tannage, 100.

ACIDE; la liqueur des paffemens eft acide, 114, 200.

AIGRE. Voyez *Paffement*.

ALUN, fon ufage dans les Tanneries, 102.

ANGLETERRE. Méthodes angloifes pour tanner, 39, 95, 162. Prix de ces cuirs, 313.

APPREST, bon apprêt, maniere de le diftinguer, 113, 253.

ARREST fur le fait des cuirs, 317, 334.

ARTS décrits par l'Académie. Voyez la *Préface*.

ASTRINGENT, qualité aftringente du Tan, 2.

AVAUSSES. Voyez *Garouille*, 65.

B

BARROIS (M.) Directeur & intéreffé de la Manufacture de S. Hippolyte, 126, 346, Voyez auffi la *Préface*.

BASSEMENT. Voyez *Paffement*.

BASSERIE. Voyez *Pafferie*.

BATTRE les cuirs, opération effentielle pour les cuirs, 107, 239.

BAUDRIER, cuir de vache qui s'emploie à faire des efcarpins, 261.

BÉNÉFICE des Tanneurs, 295, & fuiv.

BIERRE, marc de bierre opere le gonflement, 243.

BILLETTES (M. des) *Voyez* DESBILLETTES.

BLANC, c'eft-à-dire, paffement blanc. Voyez *Paffement*.

BŒUFS, qualité de leurs cuirs; 3, 94, 280.

BOIS; voie de bois; 55. Bois qui donnent le Tan, *ibid.*

BOISSEAU de Paris; fa mefure, 40; fa valeur en orge, 126.

BOUCHERS, leurs fupercheries, 8; ils ont du fel de morue, 10; leurs négligences, 280.

BOULOIR, bâton pour remuer la chaux, 32, & pag. 128

BOURRE, fon prix, 299.

BOUTOIR, couteau à deux manches; pag. 128.

BRESIL, cuirs du Brefil, 315.

BRIGADY. Voyez *Baudrier*, 261.

BRULÉ, cuir brûlé par la chaux, 50.

BUFFON, (M. de) fes expériences fur la Tannerie, 55, 69.

BUXEROLLES, *Arbutus uva urfi*, 63.

C

CAVE, les cuirs doivent y féjourner; 105.

CENDRE, fon ufage dans les pleins, 22.

CHALEUR des paffemens blancs, 143. La chaleur eft contraire à la jufée, 284.

CHAMOISEURS, comment fe marquent leurs peaux, 345, 348.

CHAPONER, 16.

CHAUX, fon prix, 20; fa quantité, 34; fes dangers, 48. Chaux ufée, 299.

CHESNE. Voyez *Bois*.

CHEVAL, cuir de cheval, 278.

CHEVRE, 275.

COLLE de farine, 141.

COLLE des Tanneurs, 299.

COMMERCE des cuirs, 295, 314.

COMPLEMENT de compofition, 150, 187.

COMPOSITION du paffement, 140, 187.

CONTRAVENTION à l'Édit des cuirs, 352, & *fuiv.*

CORDONNIERS, s'oppofent à l'établiffement du cuir à la jufée, 250; leur jugement fur les différentes méthodes, 252; attentions qu'ils devroient avoir, 288, 289.

CORNES de bœuf; leur prix, 299.

COTON, (M.) intéreffé à la Manufacture de Saint Germain. Voyez la *Préface*.

COUCHE, faire une couche, 26, 147.

COUCHER en foffe, 84.

COUDREMENT, 44, 267, 272.

COUTEAUX dont on fe fert dans les Tanneries.

COUTEAU rond, 13, 26; demi-rond, 16, 38; faux, 145, 147.

CRAMINER, étirer les cuirs par chair avec le couteau rond fur le chevalet, 13.

CREUX, cuir creux, 280.

CRUE, eau crue. Voyez *Eaux*.

CUIRS, différentes fortes de cuirs. Voyez *Peaux*. Leur ufage, leur tiffu, 109; maniere d'en diftinguer le bon apprêt, 112.

CUIRS à la chaux, 18, 254; fes inconvénients, 48.

Cuirs à la jufée, 90, 248.

Cuirs à l'orge, 114, 163.

Cuirs à œuvre, ou en foible, 260.

Cuirs au fippage, 255.

Cuirs de bœufs, 2.

Cuirs d'Irlande, 3, 241.

Cuirs de l'Amérique, 194, 240.

Cuirs de Liege, 99, 190, 248.

Cuirs de taureau, 4.

Cuirs de Tranfylvanie, 187.

Cuirs de vaches, 5, 260, 271.

Cuirs en tripe, c'est celui qui est dépouillé de son poil, 28.

Cuirs, façon de Walachie, ou cuirs à l'orge, 129.

Cuirs forts, 2.

Cuirs verds, ou cuirs frais, ceux qui confervent encore leur humidité naturelle. Voyez *Peaux.*

Cuirs veules & appauvris, 94, 280. Voyez *Défauts.*

Cuve pour les paffements ; fes dimenfions, 200.

D

Dangers auxquels font expofés les paffements, 159.

Danoise, méthode Danoise du fippage, 255, 301.

Débourrer les cuirs, 26, 125, 132, 144, 147, 171, 191.

Déboursés. Voyez *Prix, Produit.*

Décharner, ou écharner, 37, 146.

Déclarations que doivent faire les Tanneurs, 351.

Défauts qu'on obferve dans l'apprêt des cuirs, 280, & *fuiv.*

Demi-rond, 16, 38. Voyez *Couteau.*

Dépenses d'un Tanneur, 295.

Dépiler. Voyez *Débourrer.*

Désaigner, laver les cuirs qui font faigneux & chargés d'ordures, 13.

Desbillettes, (M.) de l'Académie des Sciences, travaille fur les Tanneries, 29, 41, 43, 67, 189, & *la Préface.*

Dougthy, (M.) avoit apporté un fecret pour les cuirs, 43.

Dresser les cuirs, 104.

Droits fur les cuirs, 322 ; leur produit, 329 ; leurs inconvénients, 324. Voyez le *Tarif, page* 115.

Duhamel, (M.) de l'Académie des Sciences, fa Phyfique des Arbres, 56.

Durée des paffements, 157, 180, 184, 208, 231.

Durée du plamage, 21 ; du tannage, 98 ; maniere de l'abréger, 100.

E

Eaux, leurs qualités nuifibles ou avantageufes aux cuirs, 14, 27, 198.

Eaux limoneufes, 15, 27, 280.

Eaux qui abattent & corrompent, 283.

Eaux vives, 200.

Écharner les cuirs, 146.

Écharnures ; oreilles fervent à faire la colle. Voyez *Colle.*

Échauffe, étuve pour faire tomber le poil des cuirs, 133.

Écorce, fa vertu pour tanner, 2 ; maniere de la choifir, 57 ; fon prix, 58, 319 ; fa rareté, 59. On tanne à trois écorces, 85 ; fa quantité, 88 ; fes défauts, 57, 282.

Edits fur les cuirs, *Art.* 321, & *pag.* 111.

Égoutter les peaux, 17.

Émouchet, crin de la queue ; fon prix, 311.

Empiler les peaux, 11.

Empiler les cuirs fur la cuve, 120, dans l'échauffe, 191.

Épargnes à faire fur le fel, 194 ; fur l'orge, 151 ; fur le tan, 70 ; fur le temps, 100, 180 ; l'égouttement, 15.

Épiler. Voyez *Débourrer.*

Euze, Chêne verd, 66.

Expériences faites pour les Tanneries. Voyez *MM. de Buffon, Guimard, Gleditsch, Teybert.*

F

Faux, 147. Voyez *Couteau.*

Fermentation. Voyez *Gonflement, Paffement.*

Feu, l'emploi qu'on fait du feu dans les paffements, 143 ; inutile dans la jufée, 284.

Fiente de Pigeon, 39, 41.

Finance, fource de deftruction & de ruine pour le commerce, 326, 355.

Flotté, bois flotté, fans écorce, pelard, 57.

Foible, paffement foible ; 125. Voyez *Paffement.*

Fort, paffement fort ; paffement neuf, 126, 182, 213.

Fosse, fa figure & fa conftruction, 77 ; maniere de coucher en foffe, 84.

Fougeroux (M. de) auteur de l'Art du Tonnellier, 77.

Fouler les cuirs, 130, 272.

Foulons, feroient utiles dans les Tanneries, 15.

Frais de préparation pour le cuir fort, 295, & *fuiv.*

Froid. Voyez *Gelée, Saifons, Chaleur.*

G

Garouille, Plante qui fert à tanner, 65.

Gelée, fon effet fur les paffements, 161, 232, 284.

Genest, fert à faire une liqueur pour dépiler, 29, 47.

Germain, (Saint) Manufacture de S. Germain, 163, 223.

Gisey. Voyez *Jufée.*

Gleditsch, (M.) de l'Académie de Berlin ; fes expériences fur la maniere de tanner, 71.

Gonflement, opération préliminaire du tannage, 2, 18, par le moyen de la chaux, 19 ; de l'orge, 117 ; du feigle, 154 ; du fon

fon; 154; du marc de biere, 243; du jus de vieille écorce, 195; fa durée, 33, 208.

GOUVERNER les pleins, 24; les paffe-mens, 126.

GRAIN, liqueur pour donner du grain au cuir, 42. Voyez *Coudrement*.

GUIMARD, (M.) Infpecteur; fes Mémoi-res & fes expériences, 58, 138, 153, 171, 295.

H

HABILLER, c'eft préparer, tanner les cuirs. Voyez *Tanner*.

HERBON; couteau rond, 13, 38.

HIPPOLYTE, (Saint) Voyez *Manufacture* & *M. Barrois*.

HONGROYEURS; comment doivent fe mar-quer leurs cuirs, 347, 355.

HUMIDITÉ néceffaire dans les foffes, 87, 97.

I

IEUSE, chêne verd; 66.

INTERVALLES des opérations de la Tanne-rie. Voyez *Durée*.

JUS de tannée, eau de vieille écorce; 200.

JUSÉE, préparation des cuirs avec du jus d'écorce, 190; avantage de ces cuirs, 248, 312; frais & produits, 308.

K

KLEIN, (M.) fes expériences fur les Tan-neries, 71.

L

LAVER les cuirs, 13, 144, 263.

LESCHASSIER, (M.) Confeiller à la Cour des Aides; fes remarques fur la Régie, 337, 344, 355.

LESSIVES, qui ferviroient à abréger la du-rée du tannage, 100.

LEVAIN des paffemens, 118, 138, 154, 175, 177.

LIEGE, cuirs façon de Liege, ou cuirs à la jufée. Voyez *Cuir* & *Jufée*.

LUNETTIER, cuirs de Lunettiers, 52.

M

MAILLER les cuirs. Voyez *Battre*.

MAIN-D'ŒUVRE, prix de la main-d'œuvre, 295.

MANUFACTURE de Lectoure, 194, 251; de Saint-Germain, 163, 219, 223, 266; de Saint-Hippolyte, 126.

MARC de Biere; fon ufage pour les Tan-neries, 243.

MARQUES pour le poids des cuirs, 6, pour les droits des cuirs, 344.

MÉGISSIERS; comment fe marquent leurs peaux, 345, 348.

MONTARAN, (M. de) Intendant du Com-

merce, contribue à cet ouvrage. Voyez la *Préface*. Il indique l'ufage du marc de bie-re, 243.

MORT; plein mort, 21; paffement mort, 122.

MOTTES; maniere de les faire, 291; leur prix, 292. Voyez *l'explication des Planches*, page 129.

MOULE à mottes, 291.

MOULINS à tan, ou à écorce; 60.

N

NAUFFES; foffes à tanner à la Danoife, 256.

NOIR; poil noir paffe pour indiquer des cuirs moins ferrés & moins bons, 4.

NORMANDIE; les cuirs de cette Province paffent pour être moins nourris, 3.

O

ŒUVRE; cuir à œuvre, 66, 260. Voyez *Cuir*.

OFFICES fur les cuirs; leurs inconveniénts, 324; leur fuppreffion, *pag.* 112.

OREILLES des cuirs fervent à faire de la colle. Voyez *Echarnure*, *Colle*.

ORGE; fon ufage pour faire gonfler les cuirs, 118; fon prix, 126, 303; inconvé-nient de cette méthode, 163.

Os de la tête que les Bouchers laiffent aux cuirs, 8, 16.

OUTILS du Tanneur. Voyez *Couteau*, *Che-valet*, *Queurfe*, *Cuve*.

P

PARER les cuirs, 104.

PASSEMENT; liqueur aigre pour faire gon-fler les cuirs, 117; mort, 208; foible & fort, 213; neuf, 230; courant, 226; de paffage, 232; de repos, 230; tout aigre, 215; à l'orge, 118; au feigle, 187; au fon, 175; à la jufée, 203, 223; blanc, 127; chaud, 129, 138, 175; rouge, 127, 158, 185.

PASSER, préparer un cuir, ou le tanner.

PASSERIE, ou paffement, 200.

PEAUX; la différence entre peau & cuir, c'eft que les peaux n'ont encore aucun ap-prêt, & elles deviennent cuir par le travail du Tanneur. Qualité des peaux, 3.

PEAUX fraîches; maniere de les mar-quer, *Ibid*.

PEAUX falées, 9; lavage des peaux, 13; maniere de les débourrer, 26.

PEAUX humaines tannées, 279.

PELER des peaux. Voyez *Débourrer*.

PERCHER, cage-à-mottes, étente, 291.

PESER; par qui les pefées doivent être fai-tes, 336.

PEUPLES de l'Afie, de l'Afrique, de l'A-mérique; leurs manieres de tanner, 61.

PIERRE. Voyez *Battre*, *Queurſe*.

PIGEON; fiente de pigeon ſert dans les Tanneries, 39.

PIQUER; les peaux ſe piquent dans certaines eaux. Voyez *Eaux*.

PLAMER; un cuir ſe plame quand il ſe gonfle, s'amollit & ſe dégraiſſe par le moyen de la chaux.

PLAMERIE, 36.

PLANTES dont on peut ſe ſervir dans les Tanneries, 45, 61, 75.

PLEIN, creux pratiqué en terre & rempli d'eau & de chaux, 19; maniere de les faire, 20, 21, & *ſuiv*. Variétés pour la cendre, la chaux, 22; maniere de les gouverner, 24. Plein mort, foible, neuf, 33; ſa durée, 21, 263.

PLIER en toiſon, 11.

POIDS des cuirs frais, & la maniere de les marquer, 6; des cuirs tannés, 298, 329.

POIL ou bourre, 299. Poil de chevre, 275.

POINÇON de tannée, quantité de 200 livres, 58, 293.

POTIER, (M.) Intendant du Commerce. Voyez la *Préface*.

POUDRE, écorce en poudre. Voyez *Ecorce*.

PRÉPARATION des cuirs. Voyez *Frais de préparation*. *Prix*. *Tanner*.

PRIX des peaux, 7, 52; de la chaux, 20; de l'écorce, 58, 297; de l'orge, 126, 303; du cuir de cheval, 278; du cuir à la chaux, 298; du cuir à l'orge, 303.

PRODUIT des Tanneries, 295, & *ſuiv*.

PRUDHOMMES pour la viſite des cuirs, *pag.* 101.

PUISARD pour faire le jus d'écorce, 199. Voyez *l'explication des Planches*, *pag.* 128.

PUITS d'où l'on tire de l'eau avec une pompe, 291. Voyez *l'explication de la Planche III*, *pag.* 130.

Q

QUANTITÉ d'écorce pour chaque cuir, 88.

QUEUES de bœufs, 311.

QUEURSE, Pierre à aiguiſer, & que les Tanneurs emploient à dépiler, 26, 27, 38, 266.

R

RABATTRE les cuirs, les remettre dans le plein ou dans la cuve, 120.

RACINE de Ruau, employée pour tanner, 65.

RASEMENT des cuirs, 147. Voyez *Débourrer*.

RAYE, prix commun de la raye, ou de la piece du cuir, 7.

REBATTRE, faire rebattre ou ramollir les cuirs dans l'eau, 145.

REDOUL ou Roudou, *Rhus myrtifolia*, 1, 63, 64.

REFAISAGE des cuirs à œuvre, 268; des chevres, 276.

REGISSEURS des Droits ſur les cuirs, 333; leurs inſtructions, 339; leurs prétentions paroiſſent contraires au bien du commerce, 355.

RÉGLEMENTS pour la fabrication des cuirs, 317.

REGROS, groſſe écorce qu'on emploie dans la juſée, 214, 215, 231.

REMISES; c'eſt le nom qu'on donne aux foſſes en Languedoc. Voyez *Foſſes*.

REPOS; paſſement de repos, 229.

REVENU, cuir revenu ou ramolli par le moyen de l'eau où il a trempé, 13.

RIVIERE; travail de riviere, 37, 116, 263, 272, 275.

RODOIR; coudrets, cuves à coudrer, 262.

ROND; couteau rond ou ſourd, 125.

ROUGE; paſſement rouge, 127, 158, 165, 255.

RUAU; racine qui ſert à tanner, 65.

S

SABLE, ſert à débourrer, 26.

SAISONS; leur influence ſur les cuirs, 198, 204, 208, 232, 284.

SANG & autres ordures, doivent être emportés par le lavage, 13, 144.

SAUVAGES, (M. de) Profeſſeur de Botanique à Montpellier, 65.

SEC, cuir ſec à oreille, c'eſt-à-dire, aſſez ſec, pour que les parties qui ſechent le plus difficilement, n'aient plus d'humidité.

SECHER, comment on fait ſécher les peaux fraîches, 12; les cuirs tannés, 103.

SECHOIR des cuirs, 103. Séchoir des mottes, appellé auſſi percher, cage-à-mottes, étente, 291.

SEIGLE; ſon uſage pour les cuirs, 187; employé autrefois en France, 189.

SEL, néceſſaire pour les peaux, 9. Sel de morue accordé aux Bouchers, 10. Sel néceſſaire dans les peaux en échauffe, 131; dans les paſſements, 143, 177.

SEMELLES de ſouliers; attentions qu'elles exigent, 289.

SILHOUETTE, (M.) Contrôleur-Général en 1759; ſages diſpoſitions de ce Miniſtre, 324, 332.

SIPPAGE, cuir au ſippage, 255, 301.

SON, employé pour le gonflement des cuirs, 175, 184.

STATUTS des Tanneurs de Paris, *pag.* 98.

T

TALONS, ſont les côtés du couteau à deux manches. Voyez *Couteau*.

TAN. Voyez *Ecorce*.

TANNÉE; écorce qui a ſervi dans les foſſes, 79, 199; ſert à faire des mottes, 290; ſert aux Jardiniers, 294; ſon prix, 299.

TANNER; définition de ce mot, *pag.* 1, au

commencement. Voyez *Gonflement, Ecorce, Foſſe, Plantes, Peuples, Angleterre, Cuirs, Paſſements, Durée, Frais, Droits, Commerce, Défauts, Outils.*

TANNER à l'eau chaude, 274.

TANNEURS ; leurs Statuts, *pag.* 98 ; ils ont du ſel de morue, 10.

TARIF des Droits ſur les cuirs, *pag.* 115.

TAUREAU ; peaux de taureau, 4.

TEYBERT, (M.) expériences faites par lui pour la perfection des Tanneries, 102, 129, 171.

TOISON ; plier en toiſon, 11.

TONNERRE, moyens d'empêcher l'effet du tonnerre ſur les paſſements, 160.

TOURNER ; les paſſements font ſujets à tourner, 159, 170.

TRAIN de plamage ; aſſemblage de cuirs dans la chaux, 126.

TRANSYLVANIE ; cuir de Tranſylvanie, 187.

TRAVAIL de rivière, 37, 116, 272, 275.

TRIPE, cuirs en tripe, 28.

TRUDAINE, (M.) Conſeiller d'État & Intendant des Finances, contribue à cette deſcription. Voyez la *Préface.*

V.

VACHE, cuir de vache, plus fort que celui de bœuf, 5 ; ſe paſſe ordinairement en foible, 260 ; c'eſt le meilleur cuir, 271.

VALACHIE, cuirs de Valachie, 129 ; ſe fait avec des paſſements chauds, 138 ; frais & produits, 306.

VERD, cuir verd ou frais, 6.

VERDELETS ; petits trous que les inſectes font dans le cuir, 286.

VIEUX ; cuirs des vieux bœufs ne réuſſiſſent pas en Liege, 222.

VINAIGRE, ſe met quelquefois dans les paſſements pour conſerver leur fraîcheur, & en développer la fermentation, 118.

FIN DE L'ART DU TANNEUR.

De l'Imprimerie de H. L. GUERIN & L. F. DELATOUR. Mars 1764.

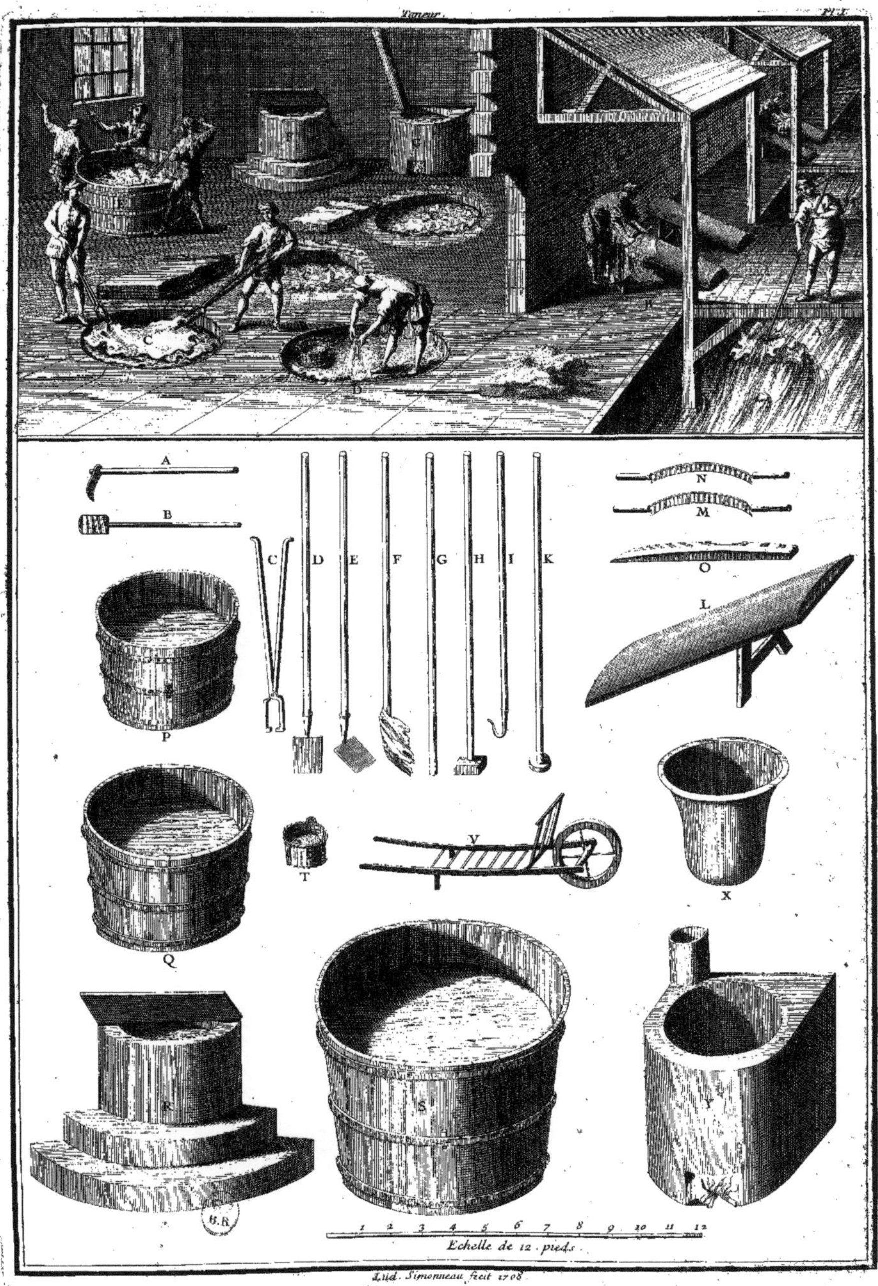

Tanneur.
Pl. I.
A
B
C D E F G H I K L
N
M
O
L
P
Q
T
V
X
R
S
Y
1 2 3 4 5 6 7 8 9 10 11 12
Echelle de 12 pieds.
Lud. Simonneau fecit 1708.

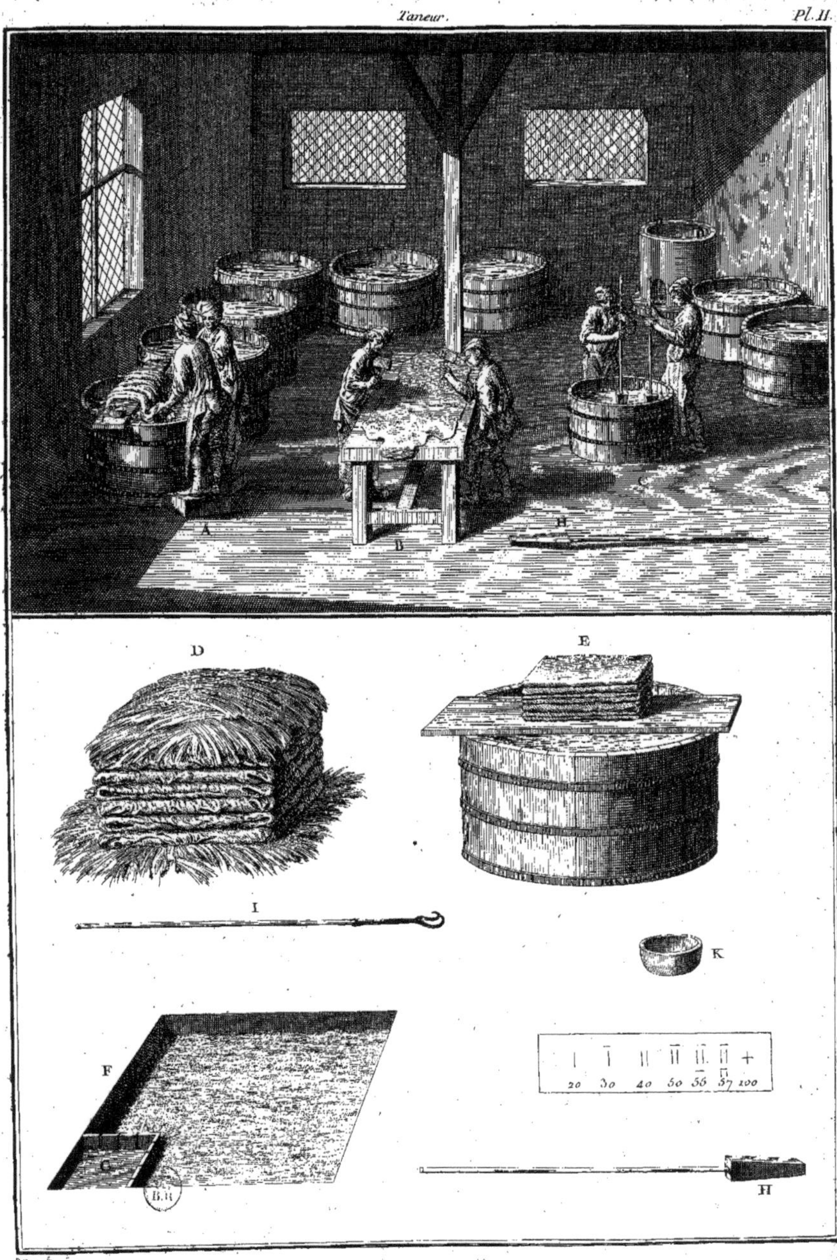

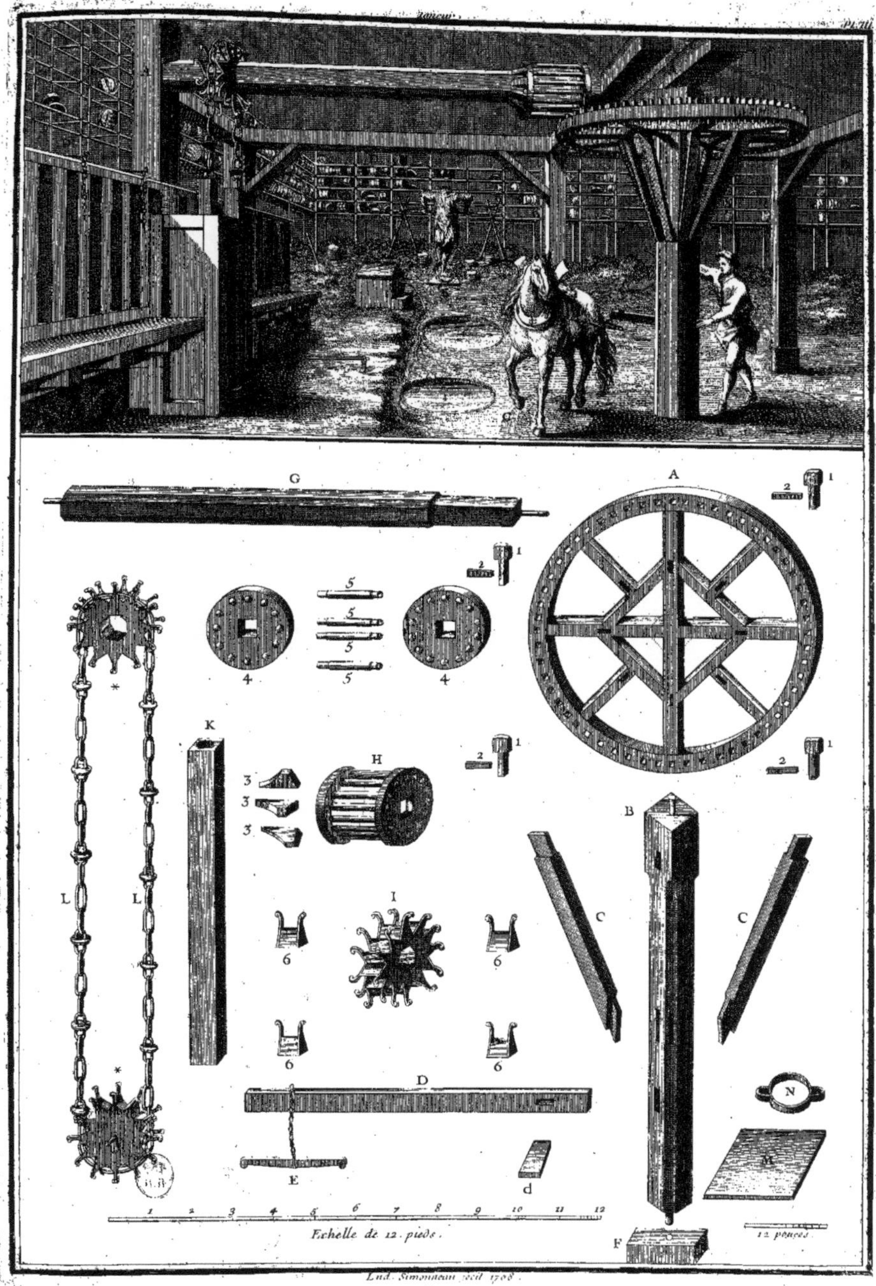

Pl. II.
G
A
2 1
1
2
5
5
5
5
4
4
2 1
K
3
3
3
H
2 1
2 1
L L
I
6
6
B
C
C
6
6
N
D
M
E
d
F
1 2 3 4 5 6 7 8 9 10 11 12
Echelle de 12. pieds.
12 pouces.
Lud. Simonneau sculp. 1708.